21世纪应用型创新实践实训教材

中级财务会计实训教程

郑卫茂 ◎ 主　编
郭志英　章　雁 ◎ 副主编

清華大学出版社
北　京

内容简介

本书是依据最新发布的企业会计准则编写的，共17章。第1章介绍了会计模拟实训的目的、要求及主要的实训内容。第2章至第14章分别对货币资金和应收款项、存货、固定资产和投资性房地产、无形资产和商誉、金融资产、长期股权投资、资产减值、应付和应交款项、银行借款和应付债券、预计负债、所有者权益、收入和费用、利润等项目的具体核算内容进行了讲解。第15章和第16章分别对资产负债表、利润表、现金流量表、所有者权益变动表的编制方法和会计调整进行了介绍。第2章至第16章每章都有相关的实训练习。第17章选取上海振兴港口机械有限公司2018年12月份的经济业务进行会计实训模拟练习。

本实训教程主要作为普通高校会计学专业、财务管理专业学生的学习用书，同时也可作为普通高校经济管理专业及实务界人士了解财务会计的参考用书。

本书封面贴有清华大学出版社防伪标签，无标签者不得销售。
版权所有，侵权必究。侵权举报电话：010-62782989，beiqinquan@tup.tsinghua.edu.cn。

图书在版编目(CIP)数据

中级财务会计实训教程/郑卫茂主编. —北京：清华大学出版社，2020.9
21世纪应用型创新实践实训教材
ISBN 978-7-302-56408-9

Ⅰ. ①中…　Ⅱ. ①郑…　Ⅲ. ①财务会计—高等学校—教材　Ⅳ. ①F234.4

中国版本图书馆CIP数据核字(2020)第170422号

责任编辑：贺　岩
封面设计：李伯骥
责任校对：宋玉莲
责任印制：丛怀宇

出版发行：清华大学出版社
网　　址：http://www.tup.com.cn，http://www.wqbook.com
地　　址：北京清华大学学研大厦A座　　**邮　　编**：100084
社 总 机：010-62770175　　**邮　　购**：010-62786544
投稿与读者服务：010-62776969，c-service@tup.tsinghua.edu.cn
质量反馈：010-62772015，zhiliang@tup.tsinghua.edu.cn
印 装 者：北京鑫海金澳胶印有限公司
经　　销：全国新华书店
开　　本：185mm×260mm　　**印　张**：18.25　　**字　　数**：306千字
版　　次：2020年9月第1版　　**印　　次**：2020年9月第1次印刷
定　　价：55.00元

产品编号：086900-01

21 世纪应用型创新实践实训教材
编委会

主 任 委 员：刘 斌

副主任委员：黄顺泉 李国民 朱晓怀

委员（按姓氏拼音排序）：

陈 磊 甘昌盛 甘胜军 郭志英

黄顺泉 李 丹 李国民 刘 斌

蒲 实 田建芳 肖康元 徐梅鑫

余良宇 赵耀忠 郑卫茂 朱晓怀

序

国家"互联网+"战略的实施加速了"大智移云"时代的到来,给经济活动和社会发展带来深远影响。企业财会工作向信息化、智能化转变,财会工作岗位所要求的理论素养和实践技能也随之发生深刻变革。这一变革对于高等院校人才的培养模式、教学改革以及学校转型发展都提出了新的要求。自2015年起,上海市教育委员会持续开展上海市属高校应用型本科试点专业建设工作,旨在提高学生综合素质,增强学生创新和实践能力。

上海海事大学会计学专业始创于1962年,是恢复高考后于1978年在上海市与原交通部所属院校中率先复办的专业,以会计理论与方法在水运行业的应用为特色。进入21世纪后,上海海事大学会计学专业对会计人才的培养模式进行了全方位的探索与实践,被列入上海市属高校应用型本科试点专业建设,将进一步促进专业的发展,增强专业的应用特色。

教材是实现人才培养目标的重要载体,依据"应用型本科试点专业"的目标定位与人才培养模式的要求,上海海事大学经济管理学院组织编撰"21世纪应用型创新实践实训教材"。本系列教材具有以下特点。

(1) 系统性。本系列教材不仅涵盖会计学专业核心课程的实践技能,还涵盖管理学、经济学和统计学等学科基础课程的实践技能,并注重课程之间的交叉和衔接,从不同维度培养学生的实践应用能力。

(2) 真实性。本系列教材的部分内容来源于企业的真实资料,例如,《中级财务会计实训教程》《成本会计实训教程》《审计学实训教程》的资料来源于某大型交通制造业企业;《财务软件实训教程》的资料来源于财务软件业知名企业;《财务管理实践教程》的资料来源于运输企业。

(3) 创新性。本系列教材在内容结构上进行了新的探索与设计,突出了按照会计岗位对应实践技能需求的特色,教学内容得到了优化整合。

(4) 校企融合性。本系列教材的编撰人员具有丰富的教学和实践经验,既有双师型高校教师,也有企业会计实务专家。

相信本系列教材的出版,在更新知识体系、增强学生实践创新能力、培养应用型人才等方面能够发挥预期的作用,提升应用型本科试点专业的建设水平。

2020年7月

前言

会计是一门综合性学科，图表数据多、操作性强，若只进行理论学习则达不到课程的预期效果，因此要求学生具有一定的动手能力。为了建设应用型本科会计专业，体现水运业务的特点，我们根据多年的模拟实践教学指导经验、长期的财务会计教学经历及广泛的实践积累编写了本书，目的是让学生在模拟财务会计实务的同时，了解水运行业的业务特点。

书中附有经济业务且配备了原始凭证。书中的经济业务是对实际企业业务的模拟，在此对提供实际经济业务的企业表示衷心感谢！

本书由上海海事大学经济管理学院财会系部分教师编写而成，具体分工如下：第1章到第8章由章雁编写；第9章到第13章由郭志英编写；第14章到第16章由郑卫茂编写；第17章由郑卫茂、郭志英、章雁共同编写。另外，王藤燕、王静参与了教材编写大纲的拟定及部分资料的搜集工作；会计专业2016级本科生王燕、陆敏敏、王林滔、查梦雨、窦宝慧等参与了教材原始凭证的整理工作；会计与财管2018级研究生陶嘉然、刘玉珠、王瑶瑶、朱雪妍、马冰等参与了相关资料的收集和数据计算等工作。郑卫茂负责对教材进行了总体梳理和补充完善。本书由朱晓怀审定。

由于编者水平有限，加之会计业务连续性的特点，书中的错误在所难免，恳请各位读者多提意见，以便于再版时修订，使我们的教材能够更好地为财务会计实践教学提供服务。

编　者

2020年3月

目录

第 1 章

中级财务会计实训概述

学习目标

- 掌握会计模拟实训的目的与要求。
- 掌握会计模拟实训的准备工作与实训内容。

1.1 会计模拟实训目的和要求

1.1.1 会计模拟实训目的

会计是一门技术性与实践性相统一的学科,学生除了应在课堂上努力学习会计理论知识外,还应认识到会计实务操作的重要性。一个优秀的会计人员应该既具备丰富的会计理论知识,又拥有良好的会计实务操作能力。

会计模拟实训是一个从学校学习会计理论到企业进行会计实操的过渡训练。在这个过程中,会营造出一种近似真实的环境,各项经济业务、会计核算等全部采用仿真模式,这不仅可为理论知识的应用提供平台,还可为今后企业的实际工作提供必要保证。

具体讲,会计模拟实训的目标可以概括为如下三个方面。

1. 强化会计知识,理论联系实际

会计有着极其深厚的理论基础,但是如果只掌握其书面理论,则难观其全貌。实践性也是会计工作中不可或缺的一部分,因此要做到理论联系实际,会计模拟实训则是一个很好的渠道——将所学会计理论知识与实际业务操作有机结合。一方面,将课本上所学的知识(如会计核算、编制记账凭证等)应用于实务,可以使学生有更为直观的理解;另一方面,实务操作亦是对书本知识的一种检验。这样,学生就会对会计综合知识有更深层次的理解。

2. 提高会计实务操作能力

虽然学生曾在校系统学习过会计理论的各种知识与方法,但是对于会计的实际操作

可能并无经验,会导致所学会计知识无法应用于实际工作。会计实训则可以为同学们提供亲身实践的机会,设置不同仿真环境,模拟各种现实业务,使同学们感觉身临其境。在这个过程中,可不断提升会计实务的操作水平,如掌握会计基本工作规范、熟悉会计核算流程、了解内部会计控制规范等。

3. 发展创新思维

新经济时代,大数据时代,全球化时代,企业环境无时无刻不在发生着变化,可以说已经到了企业不创新就有可能无法生存的地步。企业的创新要靠员工,因此,从学生时代便应该不断培养创新意识,发展创新思维,提升创新能力。会计虽有着久远的历史,但依然有着诸多不完美之处。我们虽然掌握了"确认、计量、记录、报告"的会计核算理论,但企业实际会计核算业务的处理依然需要完善。学生应该通过更多的实践提升对会计工作的认识,从而不断思考改进方法,加强创新,提出建设性的意见和建议。

1.1.2 会计模拟实训要求

1. 基本要求

会计模拟实训有两项基本要求:第一,丰富学生的理论知识。在进行仿真模拟实训前,学生应该具备充足的理论知识,如财务会计、管理会计、财务管理等方面的基础知识。在有良好的理论基础前提下,进行实务操作才会收到很好的效果。第二,模拟环境的真实性。仿真环境应该尽可能真实,如会计凭证、会计账簿、会计报表、经济业务等都应力求接近实际,这样才能使会计模拟实训具有操作价值。

2. 总体要求

1) 会计准则的时效性

会计实务操作模拟试图尽可能接近真实的环境,然而会计是一门不断完善的学科,因此,模拟实训应随时关注会计准则的最新变化,以便采用新的准则解决问题。如果仍然依据旧的《企业会计准则》对会计事项的账务进行处理,那么会计模拟实训也将失去意义。

2) 账务处理程序的合理性

账务处理程序是指会计核算中,将会计凭证、会计账簿、会计报表与记账程序有机结合的方法。

当前会计核算形式大致有七种,即记账凭证核算形式、记账凭证汇总表核算形式、多栏式日记账核算形式、汇总记账凭证核算形式、日记总账核算形式、通用日记账核算形式和科目汇总表核算形式。企业会计核算形式应该遵循适应业务的特点、满足管理的需要、简化核算手续的原则。这就意味着虽然会计核算种类多种多样，但是一家企业应该选择一种科学、合理且适合于自身的会计核算形式。

3）会计工具的规范性及使用的准确性

会计模拟操作所使用的会计工具应与企业所使用的工具相一致。实训中用到的会计凭证、会计账簿、会计报表等都应是按最新规范编制的，并且要准确地应用会计工具，书写应严格遵循《会计基础工作规范》，大写的金额数字应统一采用壹、贰、叁、肆、伍、陆、柒、捌、玖、拾、佰、仟、万、亿，金额有角和分的，元以下不写“整”，大写金额必须与小写金额相符合。

4）结档工作的严谨性

各种会计档案和文件资料（如会计凭证、报表、账簿等）都是所发生会计事项或业务的凭据，必须按类装订、妥善保管。同时也可为今后的检查、审计等工作做好准备。

3. 具体要求

账务处理程序作为会计凭证、会计账簿、会计报表三者有机结合的一种方式，在会计模拟实训中起着至关重要的作用。

1）会计凭证

会计凭证是记录经济业务、明确经济责任、按一定格式编制的据以登记会计账簿的书面证明。根据会计凭证编制程序和用途的不同，可以分为原始凭证和记账凭证。

（1）原始凭证

原始凭证又称单据，是在经济业务最初发生时即行填制的原始书面证明，如销货发票、款项收据等。原始凭证通常包括凭证名称、填制日期、填制和接收凭证的单位名称、业务数量和金额等。

原始凭证可以分为自制原始凭证和外来原始凭证。不同的原始凭证，其格式和内容有所区别。但是对原始凭证也有一定的要求，具体如下。

① 原始凭证要连续编号。如果原始凭证已预先印定编号，在写坏作废时，应加盖“作废”戳记，妥善保管，不得撕毁。

② 原始凭证要真实准确。原始凭证上的时间、单价、金额等内容要准确无误，并符合国家有关政策、法令法规、制度等要求，不得伪造凭证。

③ 原始凭证的内容要完整。凭证所列项目需完整无误，并且接收单位、个人名称等要填列清楚，对于填制单位和所有经办人员都需认真审核，并签字盖章，确保经济责任的明确。购买的原始凭证需有验收证明，自外单位取得的原始凭证需填制单位加盖公章。

④ 原始凭证的填写要清楚规范。书写原始凭证需用蓝黑墨水，字迹要清楚易辨，不得使用未经国务院公布的简化汉字，不得写连笔字。大小写金额必须相符。人民币符号“¥”与阿拉伯数字之间不得留有空白。凭证的填写不得有涂改、刮擦等。凭证有错误的，应当由出具单位重开或更正，更正处应当加盖出具单位印章。原始凭证金额有错误

的，应当由出具单位重开，不得在原始凭证上更正。

(2) 记账凭证

记账凭证又称“记账凭单”，是以审核无误的原始凭证为依据，按照经济业务事项的内容加以归类，并据以确定会计分录后所填制的会计凭证。记账凭证是登账的直接依据，常用的记账凭证有收款凭证、付款凭证、转账凭证等。

① 填制依据。填制记账凭证的依据必须是经审核无误的原始凭证或汇总原始凭证，并需注明所附原始凭证的张数。

② 正确填写摘要。记账凭证摘要是登记账簿的重要依据。一级科目、二级科目或明细科目、账户的对应关系、金额都应准确无误。

③ 记账凭证编号。要视不同的情况采用不同的编号方法。若企业的各种经济业务的记账凭证采用统一的通用格式，则凭证的编号可采用顺序编号法，即按月编顺序号。业务极少的单位可按年编顺序号。当按照经济业务的内容进行分类时，采用三种格式的记账凭证，记账凭证的编号应采用字号编号法，即把不同类型的记账凭证用字加以区别，再把同类记账凭证顺序号连接起来。三种格式的记账凭证，采用字号编号法时，具体地编为“收字第××号”“付字第××号”“转字第××号”。如果一笔经济业务需要填制一张以上的记账凭证，则记账凭证的编号可采用分数编号法。如一笔经济业务需要编制三张凭证，凭证的顺序号为21，可编制为转字21 1/3号、转字21 2/3号、转字21 3/3号。第一个整数的“21”表示业务顺序，分数中分子的“1”“2”“3”表示三张记账中的第一张、第二张、第三张，分母“3”表示此项业务需要编制三张记账凭证。

④ 经济责任。同原始凭证一样，记账凭证也需要明确各项经济责任。记账凭证的底部设置了各方责任人，如审核、主管、记账等，所有业务相关人员都需签字盖章，以确保经济责任的明确。

2) 会计账簿

会计账簿是将会计凭证作为依据，对全部经济业务进行全面、系统、连续、分类记录和核算的簿籍，由具有专门格式且以一定形式连接在一起的账页组成。

会计账簿按用途可分为序时账簿、分类账簿和备查账簿；按账页格式可分为两栏式账簿、三栏式账簿、多栏式账簿、数量金额式账簿、横线登记式账簿；按照外表形式可分为订本账、活页账、卡片账。

各种账簿的形式和格式多种多样，但均应包括封面、扉页、账页等内容。封面主要标明账簿的名称，如总分类账簿、现金日记账、银行存款日记账；扉页标明会计账簿的使用信息，如科目索引、账簿启用和经管人员一览表等；账页是账簿用来记录经济业务事项的载体，其格式因反映经济业务内容的不同而有所不同。

登账要求如下。

(1) 登账时间

各种账簿登记时间的一般原则是：总分类账按照单位所采用的会计核算形式及时登

账；各种明细分类账根据原始凭证、原始凭证汇总表和记账凭证每天登记，也可以定期（三天或五天）登记。但是现金日记账和银行存款日记账应当根据办理完毕的收付款凭证随时逐笔顺序进行登记，最少每天登记一次。

（2）文字填写规范

登记账簿时，要用蓝黑墨水或者碳素墨水书写。不得用圆珠笔（银行的复写账簿除外）或者铅笔书写。红色墨水只能用于制度规定的"按红字冲账的记账凭证、在不设减少金额栏的多栏式账页中"。记账要清晰、整洁，文字和数字要书写规范，一般应占账簿格距的1/2，以便留有改错的空间。当会计账簿记录发生错误时，不允许用涂改、刮擦、药水消除字迹等手段更正错误，也不允许重抄，而应根据情况，按照规定采用划线更正法、补充登记法或红字冲正法三种方法进行更正；若由于记账凭证错误而使账簿记录发生错误，则应首先更正记账凭证，然后再按更正的记账凭证登记账簿。

（3）登账符号

登记账簿时，应当将会计凭证的日期、编号、业务内容摘要、金额和其他有关资料逐项记入账内，同时记账人员要在记账凭证上签名或者盖章，并注明已经登账的符号（如打"√"），防止漏记、重记和错记情况的发生。

（4）账户余额处理

对于需要结出余额的账户，应当定期结出余额。现金日记账和银行存款日记账必须每天结出余额。结出余额后，应在"借或贷"栏内写明"借"或"贷"的字样。没有余额的账户，应在该栏内写"平"字并在余额栏"元"位上用"0"表示。每登记满一张账页结转下页时，应当结出本页合计数和余额，写在本页最后一行和下页第一行有关栏内，并在本页的摘要栏内注明"转后页"字样，在次页的摘要栏内注明"承前页"字样。

3）会计报表

会计报表是对日常核算的资料按一定的表格形式进行的汇总反映，是企业的会计人员根据一定时期（例如月、季、年）的会计记录，按照既定的格式和种类编制的系统的报告文件。它可综合反映企业资产、负债和所有者权益的情况及一定时期的经营成果和财务状况的变动。

（1）会计报表编制要求

① 内容真实：会计报表指标应当如实反映企业的财务状况、经营成果和现金流量。

② 全面完整：会计报表应当反映企业生产经营活动的全貌，全面反映企业的财务状况、经营成果和现金流量。

③ 前后一致：编制会计报表依据的会计方法，前后期应当遵循一致性原则，不能随意变更。

④ 编报及时：企业应根据有关规定，按月、按季、按半年、按年及时对外报送会计报表。

⑤ 相关可比：企业财务会计报告所提供的财务会计信息必须与财务会计报告使用

者的决策相关,并且便于财务会计报告的使用者在不同企业之间及同一企业前后各期之间进行比较。

⑥ 便于理解:财务会计报告所提供的会计信息应当清晰明了,便于使用者理解和使用。

(2) 会计报表报送期限

会计报表的报送期限,由国家统一规定。

① 月报应于月度终了后 6 天内(节假日顺延,下同)对外提供。

② 季报应于季度终了后 15 天内对外提供。

③ 半年度报应于年度中期结束后 60 天内(相当于两个连续的月份)对外提供。

④ 年报应于年度终了后 4 个月内对外提供。

1.2 会计模拟实训准备工作及实训内容

1.2.1 会计模拟实训的准备工作

1. 学生准备

1) 知识准备

学生应该在具备一定的会计基础知识的条件下,进行会计模拟实训,如掌握账务处理程序、成本核算方法、会计凭证的填制方法等,从而加强对会计知识和会计方法的理解。

2) 资料准备

模拟实训前,学生应准备好各种会计凭证、会计账簿、会计报表、计算器、印鉴以及蓝色墨水、红色墨水、钢笔、铅笔、剪刀、凭证装订机、会计科目表等实训用品。

除了实物资料的准备,学生还应准备好一些信息资料。如在实训前对企业的大体状况进行了解,如企业的组织结构、财务结构、人员配备情况等。

2. 教师准备

1) 划分小组

在模拟实训前老师应与学生进行沟通,并以分组的形式进行实训,且选定组长或小组负责人。

2) 实训计划准备

老师应根据每个同学的不同情况制订不同的模拟实训计划,以便会计实训对于每个同学而言都有针对性,使每个同学可以有切实的提高。

3. 设施准备

老师应提前将实训教室、实训所用工具以及录像机、投影仪等设施准备妥当，以便营造更加完善的模拟实训氛围。

1.2.2 会计模拟实训的内容

1. 建立账簿并结转期初余额

学生应根据目标企业的实际情况设置会计科目，建立账簿，开设总分类账、明细分类账、现金日记账及银行存款日记账，并且登记期初余额。

2. 填制和审核原始凭证

建立账簿并结转期初余额后，应着手处理本期发生的经济业务，并且从填制、审核原始凭证或原始凭证汇总表开始。本书第 17 章模拟练习提供了大部分原始凭证，有一些自制原始凭证需要学生自行填制（如固定资产折旧计算表、企业债券应计利息计算表、制造费用分配表等）。学生填制完成后，裁下来作为记账凭证的附件。学生填制原始凭证时，要在原始凭证上完成相关的手续，包括经办人签字、审核人审核、有关部门盖章等。

3. 编制记账凭证

在审核原始凭证或汇总原始凭证准确无误后，应根据原始凭证或汇总原始凭证编制记账凭证，并将所填制的原始凭证裁下作其附件，一起编号装订。

4. 登记现金日记账和银行存款日记账

根据同货币资金相关的收款凭证、付款凭证逐笔登记现金日记账和银行存款日记账，并按日结转库存现金余额和银行存款余额。库存现金日记账采用“收付余”三栏式账页。银行存款日记账通常也采用“收付余”三栏式账页，但有时为了编制“现金流量表”，会采用多栏式格式，这样更有利于报表的编制。

5. 登记明细分类账

根据记账凭证及所附各类原始凭证和原始凭证汇总表登记各类明细分类账。

6. 编制科目汇总表

根据记账凭证编制科目汇总表，通过编制科目汇总表初步检验会计记录的正确性。

7. 登记总分类账

根据科目汇总表或记账凭证登记总分类账。

8. 对账

期末，将现金日记账、银行存款日记账和各种明细分类账的余额同有关总分类账的余额核对相符；并且对登记的总分类账的期初余额、期末余额、本期发生额进行试算平衡，之后将总账和明细账进行核对。

9. 结账

结转损益类账户的本期发生额，结出各账户的期末余额。

10. 编制财务报表

期末，根据审核无误的总分类账与明细分类账资料编制财务报表。

考虑到实训业务为 12 月份的经济业务，只要求编制 12 月份的资产负债表、利润表和现金流量表，不再要求编制年度所有者权益变动表。

11. 归档保存

将各类会计凭证装订成册、各项会计报表加具封面，并把所有会计凭证、会计账簿、会计报表整理归档，进行保存。

虽然学生们对会计知识有一定程度的了解，但是对于会计实操往往并不十分清楚步骤或注意事项等。因此，老师应该在实训前，先进行实训要求的讲解、注意事项的说明，以及深入介绍企业相关信息及其内在联系等；并对会计凭证的填制、会计报表的填写等进行演示操作。

在模拟实训结束后，每位学生都应该对此次实训进行书面形式的总结。不要求形式有多规范，辞藻有多华丽，但一定要是学生的真实感受，或是学生在实操后认真思考而提出的问题。老师应该对学生提出的问题进行有针对性的指点，并不断完善模拟实训的流程。

1.2.3 会计模拟实训用品

1. 会计凭证

1）原始凭证

本书第 17 章的会计实训模拟练习会提供相关的原始凭证，可剪下来粘贴到对应的记账凭证后面。

2）记账凭证

编制专用记账凭证（如收款凭证、付款凭证、转账凭证），通过科目汇总表进行初步检验。

2. 会计账簿

1）总分类账簿

所有账簿开设三栏式总账。

2）明细分类账簿

实训模拟练习涉及三栏式明细账、多栏式明细账，不需要开设数量金额式明细分类账。

3）日记账

需要开设现金日记账和相关的银行存款日记账。

3. 财务会计报表

第 17 章的模拟实训练习要求编制月末的资产负债表、月度的现金流量表和利润表。

本章小结

会计模拟实训的目标可以概括为如下三个方面：(1)强化会计知识，理论联系实际；(2)提高会计实务操作能力；(3)发展创新思维。

学生应该在具备一定的会计基础知识的条件下，进行会计模拟实训，如掌握账务处理程序、成本核算方法、会计凭证的填制方法等，从而强化对会计知识、会计方法的理解。

学生应根据目标企业的实际情况，设置会计科目，建立账簿，开设总分类账、明细分类账、现金日记账及银行存款日记账，并且登记期初余额。建立账簿并结转期初余额后，应着手处理本期发生的经济业务，在审核原始凭证或汇总原始凭证的基础上编制记账凭证，登记各类明细分类账。根据记账凭证编制科目汇总表，通过编制科目汇总表初步检验会计记录的正确性，根据科目汇总表或记账凭证登记总分类账。期末，将现金日记账、银行存款日记账和各种明细分类账的余额同有关总分类账的余额核对相符。结转损益类账户的本期发生额，结出各账户的期末余额。根据审核无误的总分类账与明细分类账资料编制财务报表。

思考题

1. 会计模拟实训的具体要求有哪些？
2. 会计模拟实训包括哪些内容？

第 2 章 货币资金与应收款项实训

学习目标

- 掌握货币资金的三种形式。
- 掌握货币资金日常收付的会计处理。
- 掌握应收款项的确认及具体会计处理。

2.1 货币资金

货币资金是企业经营资金在循环周转过程中停留于货币形态的那部分资金。按其存在形态和保管地点及其用途的不同,可分为库存现金、银行存款和其他货币资金三种。

2.1.1 库存现金

1. 现金使用范围

现金是指存放在企业财会部门由出纳人员负责保管作为日常零星开支或找零用的现款。会计核算中的现金指库存现金,包括人民币现金和外币现金。现金的使用范围:

(1) 职工工资、津贴;

(2) 个人劳务报酬;

(3) 根据国家规定颁发给个人的科学技术、文化艺术、体育等各种奖金;

(4) 各种劳保、福利费用以及国家对个人的其他支出;

(5) 向个人收购农副产品和其他商品支付的价款;

(6) 出差人员必须随身携带的差旅费;

(7) 结算起点以下的零星支出(结算起点为 1 000 元);

(8) 中国人民银行确定需要支付现金的其他支出。

2. 库存现金的核算

为了总括反映和监督现金收入、付出和结存情况,应设置“库存现金”科目。该科目属于资产类科目，借方登记现金的收入(增加)数，贷方登记支付(减少)数；期末余额在借方，表示库存现金的结存数。

企业应当对现金进行定期或不定期清查，以保证现金的安全完整。

现金的清查主要采用实地盘点的方法。清查时，出纳员必须在场。通过实地盘点确定现金实际库存数，并将其与现金日记账的余额核对。应依据现金清查的结果填制“库存现金盘点报告表”，并由清查人员和出纳员共同签章方能生效。

对清查中发现的有待查明原因的现金短缺或溢余，应通过“待处理财产损溢”账户核算。

若属于现金短缺，应按照实际短缺的金额，借记“待处理财产损溢”账户，贷记“库存现金”账户；若属于现金溢余，应按照实际溢余的金额，借记“库存现金”账户，贷记“待处理财产损溢”账户。

待查明原因后，对发生的现金短缺应做如下处理：属于应由责任人赔偿的部分，借记“其他应收款——××责任人”账户或“库存现金”账户；属于应由保险公司赔偿的部分，借记“其他应收款——应收保险赔款”账户；属于无法查明其他原因的，经过批准后，借记“管理费用——现金短缺”账户。

做上述处理的同时，贷记“待处理财产损溢”账户。

对发生现金溢余的应做如下处理：属于应支付给有关人员或单位的，贷记“其他应付款——××个人或单位”账户；属于无法查明其他原因的现金溢余，经过批准后，贷记“营业外收入——现金溢余”账户。做上述处理的同时，借记“待处理财产损溢”账户。

2.1.2　银行存款

1. 概念

银行存款是指企业存放在银行或其他金融机构的货币资金。根据中国人民银行总行的规定，凡是独立核算的单位都必须在当地银行或其他金融机构申请开设账户，用以办理企业货币资金的存取和转账结算业务。

2. 分类

银行存款账户分为基本存款账户、一般存款账户、临时存款账户和专用存款账户。基本存款账户是企业办理日常结算和现金收付的账户。一般存款账户是企业在基本存款账户以外的银行借款转存、与基本存款账户不在同一地点的附属非独立核算单位的账户。临时存款账户是企业因临时经营活动需要开立的账户。专用存款账户是企业因特定用途需要开立的账户。

为了总括反映和监督银行存款的收付动态和结存情况，应设置“银行存款”科目。该科目属于资产类科目，借方登记存款的增加数，贷方登记银行存款的支用或提取现金数，期末借方余额表示银行存款的结存数。

3. 银行存款的清查

为了保证企业银行存款账目的正确性，企业必须对银行存款定期进行清查。银行存款的清查采用与开户银行核对账目的方法，即将企业登记的“银行存款日记账”与开户银行送来的对账单逐笔进行核对，至少每月核对一次。通过核对，若双方余额相符，则说明基本正确；若发现双方余额不相符，其原因一般有两种：一是双方各自的记账过程出现错误；二是由未达账项所致。

未达账项是指企业与银行对同一笔收付款业务，由于结算凭证在传递时间上的差异，使得一方先得到结算凭证已经入账，另一方尚未取得结算凭证而未入账的项目。未达账项的情况有以下四种：

(1) 企业已经收款入账，而银行尚未收款入账；

(2) 企业已经付款入账，而银行尚未付款入账；

(3) 银行已经收款入账，而企业尚未收款入账；

(4) 银行已经付款入账，而企业尚未付款入账。

企业在将银行存款日记账与开户银行的对账单进行核对时，若发现未达账项，则可以通过编制“银行存款余额调节表”对双方的余额进行调节，即根据核对中发现的未达账项填制在“银行存款余额调节表”内，若调节后双方余额一致，则表明记账正确；若调节后双方余额仍不相符，则说明双方记账过程可能存在错误，需要进一步查明错误所在，加以更正。

2.1.3 其他货币资金

其他货币资金是指除现金、银行存款以外的那部分货币资金，具体包括外埠存款、银行汇票存款、银行本票存款、信用证保证金存款、信用卡存款、在途货币资金、存出投资款等。

外埠存款是指企业到外地进行临时或零星采购时，汇往采购地银行开立采购专户的款项；银行汇票存款是指企业为取得银行汇票，按照规定存入银行的款项；银行本票存款是指企业为取得银行本票，按照规定存入银行的款项；信用证保证金存款是指采用信用证结算方式的企业为开具信用证而存入银行信用证保证金专户的款项；信用卡存款是指企业为取得信用卡而存入银行信用卡专户的款项；在途货币资金是指企业同所属单位之间和上下级之间汇、解款项中，在月终时仍未到达的汇入款项；存出投资款是指企业已存入证券公司但尚未进行短期投资的款项。

为了总括反映和监督其他货币资金的增减变动和结存情况，应设置“其他货币资金”

科目。该科目属于资产类科目,借方登记其他货币资金的增加数,贷方登记其他货币资金的减少数,期末借方余额反映其他货币资金的结存数。还应在“其他货币资金”总账科目下分别设置“外埠存款”“银行汇票存款”“银行本票存款”“信用证保证金存款”“信用卡存款”“存出投资款”“在途资金”等二级科目,并按外埠存款或存出投资款的开户银行,银行汇票、银行本票或信用证的收款单位,信用卡的持用人以及在途资金的汇出单位分别设置明细账户进行明细核算。

2.2　应收票据

2.2.1　票据的种类

票据是由出票人签发,约定即期或未来某一确定日期支付某一固定数额款项给收款人或持票人的书面凭据。票据按其是否计息分为带息票据和不带息票据;按其签发人的不同,可分为支票、银行汇票、银行本票和商业汇票。

在我国,应收票据通常是指“商业汇票”,包括“银行承兑汇票”和“商业承兑汇票”两种。商业承兑汇票是付款人签发并承兑,或由收款人签发交由付款人承兑的汇票;银行承兑汇票是由在承兑银行开立存款账户的存款人出票,由承兑银行承兑的票据。

2.2.2　应收票据的核算

1. 收到应收票据的核算

企业因销售商品、产品、提供劳务等收到已承兑的商业汇票时,按应收票据的面值,借记“应收票据”科目;按实现的营业收入,贷记“主营业务收入”科目,按专用发票上注明的增值税额,贷记“应交税费——应交增值税(销项税额)”科目。企业收到应收票据以抵偿应收账款时,按应收票据面值,借记“应收票据”科目,贷记 “应收账款”科目。

如为带息票据,应于期末时按应收票据的票面价值和确定的利率计算应计提的利息,计提的利息增加应收票据的账面余额,同时冲减财务费用。应收票据利息的计算公式如下:

应收票据利息=应收票据票面金额×利率×期限

2. 应收票据贴现的核算

所谓“贴现”,是企业将未到期的商业汇票经过背书交给银行,银行受理后从票面到期值中扣除按银行的贴现率计算确定的贴现息后,将余款付给贴现企业。在贴现中,企业给银行的利息称为贴现息,所用的利率称为贴现率,票据到期值与贴现息之差称为贴现所得。企业会计制度规定，带息票据贴现所得与票面金额产生的差额，会计上作为利息收支处理；不带息票据贴现所得与票面金额产生的差额，会计上作为利息支出处理。其计算公式如下：

带息票据到期值＝票据面值×（1＋年利率×票据到期天数÷360）
＝票据面值×（1＋年利率×票据到期月数÷12）

不带息票据的到期值为票据面值。其计算公式如下：

贴现息＝票据到期值×贴现率×贴现天数÷360

贴现所得＝票据到期值－贴现息

贴现天数＝贴现日至票据到期日实际天数－1

3. 应收票据到期的核算

票据到期收回票款，按实际收到的金额，借记“银行存款”科目，按应收票据的账面余额，贷记“应收票据”科目，按其差额，贷记“财务费用”科目（未计提利息部分）。

因付款人无力支付票款，收到银行退回的商业承兑汇票、委托收款凭证、未付票款通知书或拒绝付款证明等，按应收票据的账面余额，借记“应收账款”科目，贷记“应收票据”科目。到期不能收回的带息应收票据，转入“应收账款”科目核算后，期末不再计提利息，其所包含的利息在有关备查簿中进行登记，待实际收到时再冲减当期的财务费用。

2.3 应收账款

应收账款是企业因销售商品、产品、提供劳务等，应向购货单位或接受劳务单位收取的款项和代垫运杂费等。不单独设置“预收账款”科目的企业，预收的账款也在本科目核算。应收职工欠款、应收债务人利息等其他应收款，企业购买的长期债券等长期债权，企业存出的各类保证金如投标保证金、租入包装物保证金等，应另设置会计科目进行核算，不包括在应收账款之内。

2.3.1 应收账款的计价

按照历史成本计价原则，应收账款应根据交易按实际发生的金额计价入账，同时还要考虑商业折扣和现金折扣。

存在现金折扣的情况下，应收账款的入账金额确认有两种方法：一种是总价法，一种是净价法。总价法是将未减去现金折扣的金额作为实际售价计入应收账款，现金折扣在实际发生时予以确认，计入当期财务费用。净价法是把扣减现金折扣后的金额作为实际售价作为应收账款的入账价值。企业会计制度规定，企业采用总价法对现金折扣进行会计处理。

在有现金折扣的情况下，企业发生的应收账款应按发票中的货款、税额以及代垫的运杂费等借记“应收账款”科目。实际发生现金折扣时，将其计入“财务费用”。

2.3.2 应收账款的核算

企业销售商品或提供劳务等发生应收账款时，按应收金额，借记“应收账款”科目，按实现的营业收入，贷记“主营业务收入”“其他业务收入”科目，按专用发票上注明的增值税额，贷记“应交税费——应交增值税(销项税额)”等科目；收回应收账款时，借记“银行存款”科目，贷记“应收账款”科目。

企业代购货单位垫付包装费、运杂费时，借记“应收账款”科目，贷记“银行存款”科目；收回代垫费用时，借记“银行存款”科目，贷记“应收账款”科目。

如果企业应收账款改用商业汇票结算，在收到承兑的商业汇票时，按票面价值，借记“应收票据”科目，贷记“应收账款”科目。

2.3.3 坏账损失

1. 坏账损失的确认条件

坏账是指企业无法收回或收回可能性极小的应收账款。由于发生坏账而产生的损失称为坏账损失。坏账损失的确认条件主要有以下几个。

(1) 由于债务单位已撤销、破产、资不抵债等原因，依照民事诉讼法进行清偿后确实无法收回的债权。

(2) 因债务人死亡，既无遗产可供清偿，又无义务承担人，确实无法追还造成的债权损失。

(3) 债务人逾期未能履行偿债义务超过三年，并有足够的证据表明无法收回或收回可能性极小的应收账款。

2. 坏账损失的核算方法

1) 直接转销法

直接转销法是在日常核算中对应收账款可能发生的坏账损失不予考虑，只有在实际发生时才作为损失计入当期损益，同时冲销应收款项。

直接转销法的特点是不需要设置“坏账准备”科目。发生坏账损失时，将确认为坏账损失的应收账款，借记“管理费用”科目，贷记“应收账款”科目。已作为坏账损失转销的应收账款又收回时，借记“应收账款”科目，贷记“管理费用”科目；同时，借记“银行存款”

科目,贷记“应收账款”科目。

2）备抵法

备抵法是采用一定的方法按期估计坏账损失,计入当期损益,同时建立坏账准备；待坏账实际发生时,冲销已计提的坏账准备和相应的应收账款。备抵法首先要按期估计坏账损失。在会计实务中,估计坏账损失的方法主要有3个：应收账款余额百分比法、账龄分析法和赊销净额百分比法。

2.4 其他应收款

其他应收款是指企业除应收票据、应收账款、预付账款以外的其他各种应收、暂付款项,包括应收的各种赔款、罚款,应收出租包装物的租金、包装物押金,存出保证金,其他各种应收、暂付款项,应向职工收取的各种垫付款项,预借给企业内部各职能科室、车间、部门和职工个人的备用金,预付账款转入等。不包括企业拨出用于投资、购买商品的各种款项。

其他应收款是通过“其他应收款”科目核算的,该科目属资产类科目,借方登记企业各种应收、暂付款项的发生数,贷方登记各种应收、暂付款项的收回数和企业内部单位、个人备用金的报销数,期末借方余额反映尚未收回或报销的应收款项和暂付款项。该科目应按其他应收款的项目分类,并按不同的债务人设置明细账,进行明细核算。

2.5 实训活动

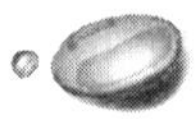

活动要求

- 练习库存现金的会计处理。
- 练习银行存款余额调节表的编制。
- 练习其他货币资金的核算。
- 练习应收票据贴现及到期的会计处理。
- 练习坏账损失的会计处理。

活动内容

【训练1】 练习现金清查短缺的会计处理

2018年11月30日,上海振兴港口机械有限公司(以下简称“振兴机械”)在现金清查中发现短缺 300 元,经检查系出纳人员责任,应由其赔偿。根据所给资料编制会计分录。

【训练 2】 练习编制银行存款余额调节表

2018 年年末,经审计人员审计发现上海振兴港口机械有限公司存在如下情况:该公司"银行存款日记账"的账面余额为 2 136 057 元,开户银行对账单余额为 1 736 957 元。经逐笔核对,发现有下列未达账项:

(1) 公司收到东华港口有限公司货款含税 645 700 元的转账支票,银行尚未入账;

(2) 银行已代公司支付到期水电费 3 000 元,公司尚未入账;

(3) 银行已收到外单位汇来产品货款 236 000 元,公司尚未入账;

(4) 公司开出转账支票支付租赁费 13 600 元,持票人尚未到银行办理转账手续。

要求:根据上述资料编制"银行存款余额调节表",如表 2-1 所示。

表 2-1　银行存款余额调节表　　单位:元

项　目	金　额	项　目	金　额
银行存款日记账余额		银行对账单余额	
加:银行已收,企业未收		加:企业已收,银行未收	
减:银行已付,企业未付		减:企业已付,银行未付	
调节后余额		调节后余额	

【训练 3】 以银行汇票为例,练习其他货币资金的有关会计处理

2019 年 3 月 1 日,上海振兴港口机械有限公司申请办理银行汇票,向银行填送"银行汇票申请书",并交存款 60 000 元,取得银行汇票。

3 月 5 日,上海振兴港口机械有限公司通过银行汇票支付东华公司设备采购款 50 000 元。

3 月 31 日,上海振兴港口机械有限公司收到银行退回多余款收账通知。

要求:编制相关会计分录。

【训练 4】 练习应收票据贴现及到期的会计处理

上海振兴港口机械有限公司 2018 年 2 月 8 日向东港公司销售产品一批,价款为 350 000 元,增值税税率为 13%。收到带息商业承兑汇票一张,年利率为 10%,期限 6 个月,企业持有 2 个月后贴现,年贴现利率为 8%。票据到期时,付款单位无资金支付,贴现银行直接从该企业银行账户中将款项扣回。

要求:编制销售产品、票据贴现和票据到期的会计分录。

【训练 5】 练习应收账款坏账计提的会计处理

上海振兴港口机械有限公司为增值税一般纳税人,增值税税率为 13%。采用备抵法核算坏账,坏账准备的计提比例为应收账款金额的 5%。2018 年该公司部分经济业务如下:

(1) 6 月 1 日,该公司向江南港口有限公司销售商品不含税价为 100 000 元,已开具增值税专用发票,款项尚未收取。

（2）6 月 30 日，该公司对应收江南港口有限公司款项进行减值测试，确认计提坏账准备 5 650 元。

（3）12 月 31 日，确认应收江南港口有限公司款项无法收回，注销坏账。

（4）2019 年 3 月 1 日，已确认坏账的应收江南港口有限公司款项全部收回。

要求：编制上海振兴港口机械有限公司相关的会计分录。

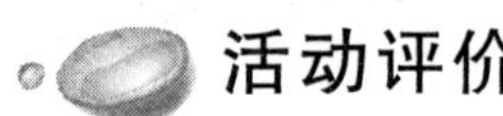

活动评价

【训练 1】 练习现金清查短缺的会计处理

发现短缺时，编制会计分录如下：

借：待处理财产损溢　　300

　　贷：库存现金　　300

查明原因后，编制会计分录如下：

借：其他应收款　　300

　　贷：待处理财产损溢　　300

【训练 2】 练习编制银行存款余额调节表

银行存款余额调节表编制如表 2-2 所示。

表 2-2　银行存款余额调节表　　单位：元

项　目	金　额	项　目	金　额
银行存款日记账余额	2 136 057	银行对账单余额	1 736 957
加：银行已收，企业未收	236 000	加：企业已收，银行未收	645 700
减：银行已付，企业未付	3 000	减：企业已付，银行未付	13 600
调节后余额	2 369 057	调节后余额	2 369 057

注意：为了简化会计核算工作，防止重复记账，对于未达账项不能将银行存款余额调节表作为原始凭证，据以调整银行存款账面记录。只有等到有关银行结算凭证到达企业，未达账项变成“已达账项”时，才能进行相应的会计处理。

【训练 3】 练习其他货币资金的有关会计处理

（1）取得银行汇票

借：其他货币资金——银行汇票　　50 000

　　贷：银行存款　　50 000

（2）以银行汇票支付设备采购款

借：固定资产　　50 000

　　贷：其他货币资金——银行汇票　　50 000

（3）多余账款退回银行账户

借：银行存款　　10 000

贷：其他货币资金——银行汇票 10 000

【训练 4】 练习应收票据贴现及到期的会计处理

1. 计算

(1) 票面金额=350 000×(1+13%)=395 500(元)

(2) 票据到期值=票面额×(1+利率×票据时间)

=395 500×(1+10%×180/360)= 415 275(元)

(3) 贴现天数=2 个月后=120(天)

(4) 贴现利息=票据到期值×贴现率×贴现时间

=415 275×8%×120/360= 11 074(元)

(5) 贴现所得=票据到期值-贴现利息=415 275-11 074=404 201(元)

(6) 利息收入或支出=票据贴现所得-票面额=404 201-395 500=8 701(元)

2. 会计分录

(1) 销售产品时

借：应收票据 395 500

贷：主营业务收入 350 000

应交税费——应交增值税(销项税额) 45 500

(2) 2 个月后贴现时

借：银行存款 404 201

贷：短期借款 395 500

财务费用——利息 8 701

(3) 6 个月后票据到期，付款单位无资金支付，贴现银行直接从该企业银行账户中将款项扣回，其会计分录如下

借：短期借款 395 500

其他应收款——东港公司 19 775

贷：银行存款 415 275

同时将应收票据转入“应收账款”账户：

借：应收账款——东港公司 395 500

贷：应收票据 395 500

【训练 5】 练习应收账款坏账计提的会计处理

2018 年 6 月 1 日，销售商品的会计分录：

借：应收账款——江南港口 113 000

贷：主营业务收入 100 000

应交税费——应交增值税(销项税额) 13 000

2018 年 6 月 30 日，计提坏账的会计分录：

借：信用减值损失　　5 650

　　贷：坏账准备　　5 650

2018 年 12 月 31 日，注销坏账时：

借：坏账准备　　5 650

　　贷：应收账款　　5 650

2019 年 3 月 1 日，确认债权、收回货款时：

借：应收账款——江南港口　　5 650

　　贷：坏账准备　　5 650

借：银行存款　　113 000

　　贷：应收账款——江南港口　　113 000

本章小结

货币资金与应收款项均为企业的金融资产。

货币资金是指直接以货币形态存在的资产，包括库存现金、银行存款和其他货币资金三种。货币资金的流动性很强，企业应加强对其的控制和管理。

应收款项是指在活跃市场中没有报价、回收金额固定或可确定的非衍生金融资产，主要包括应收票据、应收账款、其他应收款等。企业的应收款项等资产经常存在减值迹象，应当在资产负债表日进行减值测试，计提坏账准备，在资产负债表中按扣除坏账准备后的账面价值列报应收款项的净额，而后将减值损失计入当期损益。

思考题

1. 货币资金包括哪些内容？企业应怎样做，才能更加有效地加强货币资金的管理与控制？

2. 应收款项包括哪些内容？

3. 商业折扣和现金折扣有何区别？两种折扣方式对会计处理以及税收有何影响？

第 3 章

存货实训

学习目标

- 掌握存货的概念及特点。
- 了解存货的种类。
- 了解存货的确认条件。
- 掌握存货入账价值的确定及发出存货的计价方法。
- 掌握存货期末计量及报表列报方式。

3.1 存货概述

3.1.1 存货的定义、特征和确认条件

存货是指企业在正常生产经营过程中持有以备出售的产成品或商品,或者为了出售仍然处在生产过程中的在产品,或者将在生产过程或提供劳务过程中耗用的材料或物料等。

存货的特征如下:

(1) 企业持有存货的最终目的是为了出售,而不是自用或消耗;

(2) 货物的所有权必须属于企业;

(3) 存货必然是有实物形态的资产;

(4) 存货必须是流动资产。

确认存货时以下两个条件必须同时具备:与该存货有关的经济利益很可能流入企业,该存货的成本能够可靠计量。

3.1.2 存货的分类

存货按经济用途的不同可分为以下七类。

1. 原材料

指企业购入用于制造产品并构成产品实体的原料及主要材料、供生产耗用但不构成产品实体的辅助材料，以及在生产过程中燃烧发热的燃料等。

2. 在产品

指企业正处于加工过程中有待于进一步制造的物品。

3. 自制半成品

指经过一定生产过程但尚未制造完工成为商品，在销售以前仍需继续加工制造，也可以作为商品对外销售的中间产品。

4. 产成品

指企业已经完成全部生产过程并验收入库，符合规定的质量标准，可以按照合同规定的条件送交订货单位，或者作为商品对外销售的产品。

5. 商品

指可供销售的物品。

6. 包装物

指为了包装本企业商品而储备的各种包装容器，如桶、箱、瓶、坛、袋等，其主要作用是盛装、装潢产品或商品。

7. 低值易耗品

指不能作为固定资产的各种用具物品，如工具、管理用具、玻璃器皿、劳动保护用品，以及在经营过程中周转使用的容器等。其特点是单位价值较低，使用期限相对于固定资产较短，在使用过程中其原有实物形态基本保持不变。

3.2 存货入账价值的确定

(1) 外购存货的成本。包括采购成本、运杂费、进口关税、其他可以归属于存货采购的费用。

(2) 自制存货的成本。包括采购成本、存货自制过程发生的工资、制造费用等加工成本及其他成本。

(3) 通过非货币性交易换入的存货，按换出资产的账面价值减去可抵扣的增值税进项税额,加上应支付的相关税费作为实际成本。

(4) 投资者投入的存货,按照投资各方确认的价值作为实际成本。

(5) 企业接受的债务人以非现金资产抵偿债务方式取得的存货,按照应收债权的账面价值减去可抵扣的增值税进项税额后的差额,加上应支付的相关税费,作为实际成本。

(6) 委托加工存货的成本。包括加工过程中耗用的材料商品等存货的实际成本、支付的加工费用、为加工商品支付的往返运杂费。

(7) 盘盈的存货,应当按照同类或类似存货的市场价格作为实际成本。

3.3 存货发出计价方法

1. 先进先出法

先进先出法是以先购进的存货先发出(耗用或销售)这样一种存货实物流程假设为前提,发出存货按先购入的成本计价的一种方法。

2. 加权平均法

加权平均法亦称全月一次加权平均法,是指以每种存货数量作为权数,计算该种存货的平均单价,作为发出存货和结存存货计价标准的方法。其计算公式是

$$加权平均单价=\frac{月初结存存货实际成本+本月收入存货实际成本}{月初结存存货数量+本月收入存货数量}$$

$$本月发出存货成本=本月发出存货数量\times加权平均单价$$

$$月末结存存货成本=月末结存存货数量\times加权平均单价$$

3. 移动平均法

移动平均法是指每收入一批存货,就计算一次加权单价,并对发出存货进行计价的一种方法。其计算公式如下:

$$移动平均单价=\frac{上次结存的存货实际成本+本批收入存货的实际成本}{上次结存的存货数量+本批收入的存货数量}$$

$$某批发出存货实际成本=该批发出存货数量\times存货加权单价$$

4. 个别计价法

个别计价法又称个别认定法、具体辨认法或分批实际法。它是通过辨认每批发出存货的购货批别或完工交库批别,并按该批存货收入时所确定的单位成本,作为计算各该批发出存货和期末存货成本的方法。

3.4 存货的期末计量

3.4.1 存货期末计量原则

资产负债表日,存货应当按照成本与可变现净值孰低计量。存货成本高于其可变现净值的,应当计提存货跌价准备,计入当期损益。其中,可变现净值是指在日常活动中存货的估计售价减去至完工时估计将要发生的成本、估计的销售费用以及相关税费后的金额。

不同存货可变现净值的构成不同。

(1) 产成品、商品和用于出售的材料等直接用于出售的存货,应以该存货的估计售价减去估计的销售费用和相关税费后的金额确定其可变现净值。

(2) 需要经过加工的材料、在产品或自制半成品等存货,应当以所生产的产成品的估计售价减去至完工时估计将要发生的成本、估计的销售费用以及相关税费后的金额确定其可变现净值。

3.4.2 存货跌价准备计提原则

资产负债表日,企业存货采用成本与可变现净值孰低法计价时,如果期末存货的成本低于可变现净值,则不需做账务处理,资产负债表中按存货的成本列示。如果期末存货的成本高于可变现净值,则表明存货发生了跌价损失,应按成本高于可变现净值的差额计提存货跌价准备。

企业应当定期或者至少于每年年度终了,对存货进行全面清查。如由于存货遭受毁损、全部或部分陈旧过时或销售价格低于成本等原因,使存货成本不可收回的部分,应当提取存货跌价准备。

需注意的是,存货跌价准备的计提可转回。如果以前减计存货价值的影响因素已经消失,则减计的金额应当予以恢复,并在原已计提的存货跌价准备的金额内转回,转回的金额计入当期损益。

3.4.3 存货清查

存货清查是指通过对存货的实地盘点,确定存货的实有数量,并与账面结存数核对,从而确定存货实存数与账面结存数是否相符的一种专门方法。存货清查的方法采用实地盘点法。存货清查按清查的对象和范围不同,分为全面清查和局部清查;按清查时间分为定期清查与不定期清查。

存货发生的盘亏或毁损，应通过“待处理财产损溢”科目进行核算。

（1）如果存货短缺是由于计量收发差错和管理不善等造成的，则应先扣除残料价值、可收到的保险赔偿额和过失人赔偿额，将净损失计入管理费用。

（2）如果存货毁损是自然灾害等非常原因造成的，则应先扣除处置收入（如残料价值）、可收到的保险赔偿额和过失人赔偿额，将净损失计入营业外支出。

因自然灾害造成外购存货的毁损，其进项税额可以抵扣，不需要转出。但因管理不善等非正常原因而造成的存货盘亏或毁损，不能抵扣增值税进项税额，应当予以转出。

为了核算企业在财产清查中查明的各种财产物资盘盈或盘亏、毁损，企业应设置“待处理财产损溢”账户。从其性质和结构看，该账户具有双重性质。该账户的借方登记发生的各种财产物资的盘亏与毁损金额和批准转销的盘盈金额；贷方登记财产物资盘盈金额和盘亏、毁损的转销金额。批准处理前如有借方余额，表示尚未处理的各种财产物资的净损失；如有贷方余额，则表示尚未处理的各种财产物资的净溢余。期末处理完毕，该账户应无余额。该账户下应设置“待处理流动资产损溢”和“待处理非流动资产损溢”两个明细账户。存货的盘盈、盘亏和毁损，通过“待处理流动资产损溢”明细账户核算。

3.5　实训活动

活动要求

- 练习外购存货初始计量的会计处理。
- 练习存货发出计价方法的计算及发出的会计处理。
- 练习存货跌价准备的会计处理。
- 练习存货期末盘亏的会计处理。

活动内容

【训练 1】　练习外购存货初始计量的会计处理

2018 年 3 月 14 日，上海振兴港口机械有限公司购进乙炔材料一批，增值税专用发票上注明货款 560 000 元，增值税税率 13%，进项税额 72 800 元。支付运输公司运输费 2 000 元，取得的增值税专用发票上注明增值税税率 9%，进项税额 180 元，发生包装费 1 000 元，全部费用已用银行存款支付，材料已验收入库。

要求：编制取得原材料的会计分录。

【训练 2】 练习材料暂估入库会计处理

2018 年 8 月 5 日，上海振兴港口机械有限公司从上海伟鼎电气科技有限公司购买药芯焊丝等原材料，材料已验收入库，结算单证未到，8 月 31 日按暂估价 360 000 元入账。

9 月 21 日，结算单证到达，增值税专用发票上注明货款 360 000 元，增值税进项税额 46 800 元，入库前的挑选整理费 1 000 元，全部费用已用银行存款支付。

要求：编制存货入库的相关会计分录。

【训练 3】 练习存货发出几种计价方式的计算和会计处理

上海振兴港口机械有限公司为增值税一般纳税人，原材料按实际成本法核算，发出材料成本按月末一次加权平均法计量。振兴机械 2018 年 11 月初结存原材料 4 000 千克，实际成本为 350 000 元，11 月份发生如下经济业务：

(1) 11 月 3 日，从外地购入原材料 2 000 千克，增值税专用发票上注明的价款为 180 000 元，增值税税额为 23 400 元，另发生运杂费及保险费 1 200 元，装卸费 800 元，各种款项已用银行存款支付，材料已验收入库。

(2) 11 月 14 日，生产车间领用材料 3 000 千克用于生产产品。

(3) 11 月 20 日，振兴机械接受南华公司投资，收到原材料 5 000 千克，双方确认含税价格为 514 150 元，占振兴机械注册资本(1 000 万元)的 5%。

(4) 11 月 25 日，公司管理部门领用材料 500 千克。

要求：

(1) 编制上海振兴港口机械有限公司与原材料初始确认有关会计分录。

(2) 若上海振兴港口机械有限公司采用全月一次加权平均法核算原材料的发出计量，编制发出材料会计分录。

(3) 若上海振兴港口机械有限公司采用移动平均法核算原材料的发出计量，编制发出材料会计分录。

(4) 若上海振兴港口机械有限公司采用先进先出法核算原材料的发出计量，编制发出材料会计分录。

【训练 4】 练习存货跌价准备的账务处理

2018 年年初，上海振兴港口机械有限公司有液态二氧化碳原材料 2 000 瓶，每瓶价值 400 元，用于加工产成品，能生产 500 件产成品，预计加工费 200 000 元，每件产成品对外销售时预计销售费用 300 元，每件售价 2 200 元。2018 年年末二氧化碳原材料市场价每瓶 350 元，预计销售每瓶二氧化碳原材料将会发生销售费用 100 元。

要求：

(1) 计算振兴机械期末针对二氧化碳原材料应当计提的跌价准备金额。

(2) 编制振兴机械相关会计分录。

【训练 5】 练习存货盘盈的会计处理

2018 年 9 月 30 日，上海振兴港口机械有限公司进行财产清查，盘盈一批药芯焊丝材料，价值 165 000 元，属于计量收发差错造成的。

要求：编制批准处理前后会计分录。

【训练 6】 练习存货盘亏及毁损的会计处理

2018 年 7 月 6 日，受自然灾害影响，上海振兴港口机械有限公司的一批药芯焊丝材料毁损，价值 250 000 元，根据保险责任范围和保险合同规定，应由保险公司赔偿 174 550 元。

要求：编制批准处理前后会计分录。

活动评价

【训练 1】 练习外购存货初始计量的会计处理

会计分录如下：

借：原材料——药芯焊丝　563 000
　　应交税费——应交增值税（进项税额）　72 980
　　贷：银行存款　635 980

【训练 2】 练习材料暂估入库会计处理

（1）8 月 31 日按暂估价 360 000 元入账，编制会计分录如下：

借：原材料——药芯焊丝　360 000
　　贷：应付账款——暂估应付款　360 000

（2）9 月 1 日做相反的会计分录予以冲销，编制会计分录如下：

借：应付账款——暂估应付款　360 000
　　贷：原材料——药芯焊丝　360 000

（3）9 月 21 日结算单证到达，编制会计分录如下：

借：原材料——药芯焊丝　361 000
　　应交税费——应交增值税（进项税额）　46 800
　　贷：银行存款　407 800

【训练 3】 练习存货发出几种计价方式的计算和会计处理

（1）与原材料初始确认有关会计分录

① 11 月 3 日

借：原材料　182 000
　　应交税费——应交增值税（进项税额）　23 400
　　贷：银行存款　205 400

② 11 月 20 日

借：原材料　514 150
　　贷：股本　500 000

资本公积——股本溢价 14 150

(2) 全月一次加权平均法

$$发出材料的单位成本=\frac{月初结存存货实际成本+本月收入存货实际成本}{月初结存存货数量+本月收入存货数量}$$

$$=\frac{350\,000+205\,400+514\,150}{4\,000+2\,000+5\,000}$$

$$=\frac{1\,069\,550}{11\,000}$$

$=97.23$(元/千克)

11月14日,生产车间领用材料3 000千克用于生产产品,其成本=97.23×3 000=291 690(元)

11月25日,公司管理部门领用材料500千克,其成本=97.23×500=48 615(元)

会计分录如下:

借:生产成本 291 690

管理费用 48 615

贷:原材料 340 305

(3) 移动加权平均法

$$发出材料的单位成本=\frac{上次结存的存货实际成本+本批收入存货的实际成本}{上次结存的存货数量+本批收入的存货数量}$$

11月14日,生产车间领用材料单价=(350 000+182 000)/(4 000+2 000)

=88.67(元/千克)

生产车间领用材料成本=88.67×3 000=266 010(元)

结存材料成本=350 000+182 000−266 010=265 990(元)

11月25日,管理部门领用材料单价=(265 990+514 150)/(3 000+5 000)

=97.52(元/千克)

管理部门领用材料成本=97.52×500=48 760(元)

结存材料成本=265 990+514 150−48 760=731 380(元)

会计分录如下:

借:生产成本 266 010

管理费用 48 760

贷:原材料 314 770

(4) 先进先出法

11月14日,生产车间领用材料3 000千克,其成本=350 000/4 000×3 000

=262 500(元)

11月25日,管理部门领用材料500千克,其成本=350 000/4 000×500=43 750(元)

会计分录如下:

借:生产成本 262 500

管理费用 43 750

贷：原材料 306 250

【训练 4】 练习存货跌价准备的账务处理

(1) 产成品的成本＝2 000×400＋200 000＝1 000 000(元)

产成品的可变现净值＝2 200×500－300×500＝950 000(元)

产成品的成本大于可变现净值，即产成品发生减值，说明二氧化碳材料发生了减值。

二氧化碳材料成本＝2 000×400＝800 000(元)，可变现净值＝950 000－200 000＝750 000(元)，应计提减值准备＝800 000－750 000＝50 000(元)。

(2) 会计分录如下：

借：资产减值损失 50 000

贷：存货跌价准备 50 000

【训练 5】 练习存货盘盈的会计处理

(1) 批准处理前

借：原材料 165 000

贷：待处理财产损溢 165 000

(2) 批准处理后

借：待处理财产损溢 165 000

贷：管理费用 165 000

【训练 6】 练习存货盘亏及毁损的会计处理

(1) 批准处理前

借：待处理财产损溢 250 000

贷：原材料 250 000

(2) 批准处理后

借：其他应收款 174 550

营业外支出 75 450

贷：待处理财产损溢 250 000

本章小结

存货指企业在正常生产经营过程中持有以备出售的产成品或商品，或者为了出售仍然处在生产过程中的在产品，或者将在生产过程或提供劳务过程中耗用的材料或物料等。存货按经济用途的不同，可分为原材料、在产品、自制半成品、产成品、商品、包装物和低值易耗品。

存货发出计价方法可以采用先进先出法、加权平均法和个别计价法。

资产负债表日，存货应当按照成本与可变现净值孰低计量。存货成本高于其可变现净值的，应当计提存货跌价准备，计入当期损益。

思考题

1. 什么是存货？存货的确认条件是什么？
2. 在资产负债表中存货由哪些项目构成？
3. 现行采用的发出存货的计价方法都有哪些？
4. 说明存货按计划成本计价核算时，收、发存货的基本会计处理。

第 4 章

固定资产及投资性房地产实训

学习目标

- 掌握固定资产及投资性房地产的范围。
- 掌握固定资产折旧的计算方法。
- 掌握固定资产及投资性房地产的相关会计处理。

4.1 固定资产概述

1. 固定资产的特点

固定资产是企业在生产、经营过程中的主要劳动资料。在生产经营过程中，有的劳动资料直接参与生产经营过程，如机器设备和工具；有的在生产经营过程中起辅助作用，如运输设备；有的则为生产经营提供必要的条件，如房屋、建筑物等。在会计核算中，并非将企业所拥有的劳动资料都作为固定资产。

从固定资产的定义可以看出，固定资产具有以下特点。

(1) 固定资产的最基本特点是为生产商品、提供劳务、出租或经营管理持有，而不是直接用于出售，并具有实物形态。

(2) 使用年限超过一年；单位价值较高的有形资产。

(3) 资金循环周期较长，其循环周期取决于固定资产的使用年限而不是企业的生产、经营周期，且价值补偿先于实物更新，是固定资产的又一基本特点。

2. 固定资产的分类

固定资产按所有权的不同，可以分为自有固定资产和租入固定资产两类；按使用情况的不同，分为使用中的固定资产、未使用固定资产和不需用固定资产三类；按其经济用途的不同，可分为生产用固定资产、非生产用固定资产两类。

4.2 固定资产的初始计量

(1) 外购固定资产的成本包括实际支付的买价、增值税、进口关税等相关税费,以及为使固定资产达到预定可使用状态前发生的可直接归属于该资产的其他支出,如场地整理费、包装费、运输装卸费、安装成本和专业人员服务费等。

(2) 自行建造的固定资产,按建造该项资产达到预定可使用状态前所发生的全部支出,作为入账价值。

(3) 投资者投入的固定资产,按投资各方确认的价值,作为入账价值。

(4) 融资租入的固定资产,按租赁开始日租赁资产的原账面价值与最低租赁付款额的现值两者中较低者,作为入账价值。

(5) 在原有固定资产的基础上进行改建、扩建的,按原固定资产的账面价值,加上由于改建、扩建而使该项资产达到预定可使用状态前发生的支出,减改建、扩建过程中发生的变价收入,作为入账价值。

(6) 企业接受的债务人以非现金资产抵偿债务方式取得的固定资产,或以应收债权换入固定资产的,按应收债权的账面价值加上应支付的相关税费,作为入账价值。

(7) 以非货币性交易换入的固定资产,按换出资产的账面价值加上应支付的相关税费,作为入账价值。

(8) 盘盈的固定资产,同类或类似固定资产存在活跃市场的,按同类或类似固定资产的市场价格,减去按该项资产的新旧程度估计的价值损耗后的余额,作为入账价值;同类或类似固定资产不存在活跃市场的,按该项固定资产的预计未来现金流量,作为入账价值。

(9) 经批准无偿调入的固定资产,按调出单位的账面价值加上发生的运输费、安装费等相关费用,作为入账价值。

4.3 固定资产的折旧计算

1. 年限平均法

年限平均法又称直线法,是根据固定资产使用年限平均计算折旧的方法。其计算公式为

某项固定资产年折旧率 =(1 − 预计净残值率) ÷ 预计使用年限 × 100%

某项固定资产月折旧率 = 该固定资产年折旧率 ÷ 12

某项固定资产月折旧额 = 该项固定资产原价 × 该项固定资产月折旧率

2. 工作量法

工作量法是根据固定资产实际完成工作量计算折旧额的一种方法。这种方法主要适用于实物磨损是折旧的主要因素，而各个期间固定资产的使用程度又很不均衡的情况，如大型精密设备，企业专业车队的客、货运汽车等。其计算公式为

单位工作量应计折旧额＝固定资产原价×(1－预计净残值率)÷预计完成工作总量

某项固定资产月应计折旧额＝该项固定资产当月实际完成工作量×单位工作量应计折旧额

3. 双倍余额递减法

双倍余额递减法是在不考虑固定资产残值的情况下，用双倍的直线折旧率乘以每期期初固定资产的账面净值计算当期应计折旧额的计算方法。计算公式为

当期应计折旧额＝期初固定资产净值×月折旧率

月折旧率＝年折旧率÷12

年折旧率＝1/预计折旧年限×100%×2

4. 年数总和法

年数总和法又称级数递减法，它是以固定资产的应计折旧总额(原价减预计净残值)乘以一个逐年递减的分数(分子为尚可使用年限，分母为使用年限之和)，来计算每年应提折旧额的方法。计算公式为

年折旧额＝应计折旧总额×年折旧率

年折旧率＝尚可使用年数÷预计使用年数总和

应计折旧总额＝固定资产原价－预计净残值

4.4 投资性房地产

4.4.1 投资性房地产的概念

投资性房地产是指为赚取租金或资本增值(房地产买卖的差价)，或两者兼有而持有的房地产。投资性房地产应当能够单独计量和出售。

投资性房地产的范围如表 4-1 所示。

表 4-1 投资性房地产的范围

范　围	注意问题
已出租的土地使用权	(1) 企业计划用于出租但尚未出租的土地使用权,不属于此类; (2) 以经营租赁方式租入土地使用权再转租给其他单位的,不能确认为投资性房地产
持有并准备增值后转让的土地使用权	按照国家有关规定认定的闲置土地,不属于投资性房地产
已出租的建筑物	(1) 是指企业拥有产权并以经营租赁方式出租的建筑物,以经营租赁方式租入建筑物再转租给其他单位的,不能确认为投资性房地产; (2) 企业将建筑物出租,按租赁协议向承租人提供相关辅助服务在整个协议中不重大的,应当将该建筑物确认为投资性房地产

4.4.2 投资性房地产的后续计量

投资性房地产的后续计量有两种模式:成本模式与公允价值模式。

1. 采用成本模式进行投资性房地产的后续计量

在成本模式下,企业应当按照固定资产或无形资产相关准则的规定,对投资性房地产按月计提折旧或摊销;如果投资性房地产存在减值迹象,则还应对投资性房地产计提减值准备,减值损失一经计提,以后期间都不得转回。以成本模式计量的投资性房地产在“投资性房地产”“投资性房地产累计折旧(摊销)”“投资性房地产减值准备”科目中计量。

2. 采用公允价值模式进行投资性房地产的后续计量

只有在存在确凿证据可以表明与投资性房地产有关的公允价值能够可靠并持续取得时,企业才能采用公允价值模式对投资性房地产进行后续计量,并且只能采用一种模式对企业所有的投资性房地产进行后续计量,不能同时采用成本模式和公允价值模式。

企业应当在资产负债表日采用成本模式对投资性房地产进行后续计量,同时满足下列条件采用公允价值模式计量:

(1) 投资性房地产所在地有活跃的房地产交易市场;

(2) 企业能够从房地产交易市场上取得同类或类似房地产的市场价格及其他相关信息,从而对投资性房地产的公允价值做出合理估计。

以公允价值模式计量的投资性房地产在“投资性房地产——成本”和“公允价值变动”科目中计量。

投资性房地产后续计量模式一经确定,不得随意变更,并且只有在满足公允价值计量模式的条件下，投资性房地产可以从成本模式变更为公允价值模式进行后续计量，而公允价值模式不能变更为成本模式。

当投资性房地产从成本模式变更为公允价值模式时，应作为会计政策变更处理，按照现行公允价值计量投资性房地产，公允价值与账面价值的差额调整期初留存收益。已经采用公允价值模式计量的投资性房地产，不得从公允价值模式转为成本模式。

4.5 实训活动

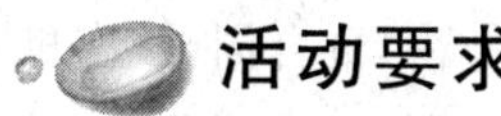

活动要求

- 练习外购固定资产的核算。
- 练习固定资产折旧的核算。
- 练习投资性房地产成本模式、公允价值模式的会计处理。
- 练习投资性房地产核算模式转换的会计处理。

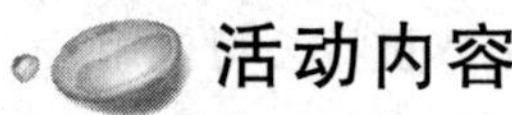

活动内容

【训练 1】 练习外购固定资产的初始计量

2018 年 11 月 21 日，上海振兴港口机械有限公司与上海为富贸易有限公司(以下简称“为富贸易”)签订采购合同，振兴机械向为富贸易采购线缆检测分析仪器设备 5 套，设备价税合计为 305 100 元，设备已竣工验收，设备款项按照合同规定竣工验收 60 天内支付，款项尚未支付。

要求：编制设备入账的会计分录。

【训练 2】 练习外购具有融资性质的固定资产的初始计量

2015 年 1 月 1 日，振兴机械与为富贸易签订一项购货合同，振兴机械从为富贸易购入一台不需要安装的特大型机械设备。合同约定，振兴机械采用分期付款方式支付价款。该设备价款共计 600 万元，在 2015 年至 2017 年的 3 年内每年年末支付 200 万元。

假定振兴机械适用的年折现率为 8%。

要求：编制振兴机械 2015 年 1 月 1 日至 2017 年年末的会计分录(以元表示)。

【训练 3】 练习固定资产折旧计提的会计处理

2017 年 11 月 8 日，振兴机械购进一台需要安装的仪器设备，取得的增值税专用发票上注明的设备价款为 600 万元，款项已通过银行支付。安装该设备时，振兴机械领用原材料 78 万元，支付安装人员工资 22 万元，不考虑增值税。2017 年 12 月 30 日，该仪器设备达到预定可使用状态。该仪器设备预计使用年限为 5 年，预计净残值率为 5%。

要求：

（1）确认该设备的入账价值并编制相关会计分录；

（2）若振兴机械采用年限平均法计提折旧，计算每年应提折旧额，并编制第五年计提折旧分录；

（3）若振兴机械采用双倍余额递减法计提折旧，计算每年应提折旧额，并编制第五年计提折旧分录。

【训练 4】 练习成本计量模式下投资性房地产的会计处理

2017 年 1 月 2 日，振兴机械将某一栋办公楼租赁给江南机械制造有限公司使用，已确认为投资性房地产，并一直采用成本模式进行后续计量。该办公楼的成本为 2 100 万元，按直线法计提折旧，使用寿命为 20 年，预计净残值为零。按照经营租赁合同，江南机械制造每月支付租金 10 万元。2017 年 12 月，这栋办公楼出现减值迹象，经减值测试，其可收回金额为 1 400 万元。

要求：编制振兴机械 2017 年 12 月计提折旧、确认租金及计提减值准备的会计分录（单位以元表示）。

【训练 5】 练习公允价值计量模式下投资性房地产的会计处理

2016 年 1 月 5 日，振兴机械与上海恒盛机械制造有限公司签订租赁协议，约定将振兴机械开发的一栋精装修的写字楼于开发完成的同时开始租赁给恒盛机械公司使用，租赁期为 10 年。

2016 年 10 月 1 日，该写字楼开发完成并开始起租，写字楼的造价为 3 000 万元。由于该栋写字楼地处商业繁华区，所在城区有活跃的房地产交易市场，而且能够从房地产交易市场上取得同类房地产的市场报价，振兴机械决定采用公允价值模式对该项出租的房地产进行后续计量。

2016 年 12 月 31 日，该写字楼的公允价值为 3 500 万元。

2017 年 12 月 31 日，该写字楼的公允价值为 3 800 万元。

要求：编制振兴机械出租写字楼及其公允价值变动的会计分录（金额以元表示）。

【训练 6】 练习投资性房地产后续计量模式变更的会计处理

2016 年 1 月，甲企业将一栋写字楼对外出租，作为投资性房地产处理，并采用成本模式进行后续计量。

2017 年 3 月 1 日，甲企业持有的投资性房地产满足采用公允价值模式计量的条件，该企业决定采用公允价值模式对该写字楼进行后续计量。

2017 年 3 月 1 日，该写字楼的原价为 6 800 万元，已计提折旧 1 800 万元，公允价值为 5 500 万元。甲企业按净利润的 10%计提盈余公积。

假定除上述对外出租的写字楼外，甲企业无其他的投资性房地产。

要求：编制甲企业该投资性房地产从成本模式转变为公允价值模式下的会计分录（金额以元表示）。

活动评价

【训练 1】 练习外购固定资产的初始计量

设备入账的会计分录：

借：固定资产——机器设备　　270 000

　　应交税费——应交增值税（进项税额）　　35 100

　　贷：应付账款——上海为富贸易有限公司　　305 100

【训练 2】 练习外购具有融资性质的固定资产的初始计量

（1）2015 年 1 月 1 日，购入固定资产时的会计处理如下：

固定资产的入账价值＝实际支付价款总和的现值＝2 000 000×（P/A，8%，3）＝2 000 000×2.577 1＝5 154 200（元）

借：固定资产　　5 154 200

　　未确认融资费用　　845 800

　　贷：长期应付款　　6 000 000

（2）2015 年 12 月 31 日，未确认融资费用摊销额＝（6 000 000－845 800）×8%＝412 336（元）

借：财务费用　　412 336

　　贷：未确认融资费用　　412 336

借：长期应付款　　2 000 000

　　贷：银行存款　　2 000 000

（3）2016 年 12 月 31 日，未确认融资费用摊销额＝［（6 000 000－2 000 000）－（845 800－412 336）］×8%＝285 323（元）

借：财务费用　　285 323

　　贷：未确认融资费用　　285 323

借：长期应付款　　2 000 000

　　贷：银行存款　　2 000 000

（4）2017 年 12 月 31 日，未确认融资费用摊销额＝845 800－412 336－285 323＝148 141（元）

借：财务费用　　148 141

　　贷：未确认融资费用　　148 141

借：长期应付款　　2 000 000

　　贷：银行存款　　2 000 000

【训练 3】 练习固定资产折旧计提的会计处理

（1）振兴机械的入账价值＝固定资产初始成本＝购买价款＋领用原材料账面成本＋

安装人员工资＝6 000 000＋780 000＋220 000＝7 000 000(元)。

借：在建工程　　7 000 000
　　贷：银行存款　　6 000 000
　　　　原材料　　780 000
　　　　应付职工薪酬　　220 000

(2) 2017 年 12 月 30 日，该仪器设备达到预定可使用状态。

借：固定资产　　7 000 000
　　贷：在建工程　　7 000 000

(3) 若振兴机械采用年限平均法计提折旧，每年应提折旧额如表 4-2 所示。

表 4-2　年限平均法折旧计算表　　单位：元

年份	剩余年限	年折旧额	账面原值	累计折旧额
2018	5	1 330 000	7 000 000	1 330 000
2019	4	1 330 000	7 000 000	2 660 000
2020	3	1 330 000	7 000 000	3 990 000
2021	2	1 330 000	7 000 000	5 320 000
2022	1	1 330 000	7 000 000	6 650 000

第五年会计分录如下：

借：制造费用　　1 330 000
　　贷：累计折旧　　1 330 000

(4) 若振兴机械采用双倍余额递减法计提折旧，每年应提折旧额如表 4-3 所示。

表 4-3　双倍余额递减法折旧计算表　　单位：元

年份	剩余年限	年折旧额	账面原值	累计折旧额	账面余值
2018	5	2 800 000	7 000 000	2 800 000	4 200 000
2019	4	1 680 000	7 000 000	4 480 000	2 520 000
2020	3	1 008 000	7 000 000	5 488 000	1 512 000
2021	2	718 200	7 000 000	6 206 200	793 800
2022	1	718 200	7 000 000	6 924 400	75 600

第五年会计分录如下：

借：制造费用　　718 200
　　贷：累计折旧　　718 200

【训练 4】 练习成本计量模式下投资性房地产的会计处理

(1) 计提折旧

2017 年 12 月折旧额＝21 000 000/20/12＝87 500 元

借：其他业务成本　　87 500
　　贷：投资性房地产累计折旧　　87 500

(2) 确认租金

借：银行存款 100 000

  贷：其他业务收入 100 000

(3) 计提减值准备

2017 年 12 月计提减值准备＝(21 000 000－21 000 000/20)－14 000 000＝5 950 000(元)

借：资产减值损失 5 950 000

  贷：投资性房地产减值准备 5 950 000

【训练 5】 练习公允价值计量模式下投资性房地产的会计处理

(1) 2016 年 10 月 1 日，振兴机械开发完成写字楼并出租：

借：投资性房地产——成本 30 000 000

  贷：开发产品 30 000 000

(2) 2016 年 12 月 31 日，以公允价值为基础调整其账面价值，公允价值与原账面价值之间的差额计入当期损益：

借：投资性房地产——公允价值变动 5 000 000

  贷：公允价值变动损益 5 000 000

(3) 2017 年 12 月 31 日，公允价值又发生变动：

借：投资性房地产——公允价值变动 3 000 000

  贷：公允价值变动损益 3 000 000

【训练 6】 练习投资性房地产后续计量模式变更的会计处理

会计分录如下：

借：投资性房地产——成本 55 000 000

  投资性房地产累计折旧 18 000 000

  贷：投资性房地产 68 000 000

    利润分配——未分配利润 500 000

    盈余公积 4 500 000

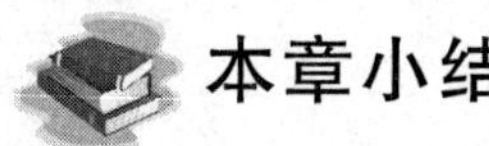

本章小结

固定资产是企业在生产、经营过程中的主要劳动资料。固定资产具有以下特点：(1)固定资产的最基本特点是为生产商品、提供劳务、出租或经营管理持有，而不是直接用于出售，并具有实物形态。(2)使用年限超过一年；单位价值较高的有形资产。(3)资金循环周期较长，其循环周期取决于固定资产的使用年限。固定资产可以按所有权、使用情况、经济用途进行不同的分类，也可进行综合分类。

不同渠道的固定资产初始入账价的确定方法不同。固定资产的折旧计算方法有年限平均法、工作量法、双倍余额递减法和年数总和法。

投资性房地产是指为赚取租金或资本增值(房地产买卖的差价),或两者兼有而持有的房地产。

投资性房地产的后续计量有两种模式:成本模式与公允价值模式。投资性房地产后续计量模式一经确定,不得随意变更,并且只有在满足公允价值计量模式的条件下,投资性房地产可以从成本模式变更为公允价值模式进行后续计量,而公允价值模式不能变更为成本模式。

思考题

1. 什么是固定资产?固定资产有哪些特征?
2. 固定资产的折旧方法有哪些?依据每种方法如何计算年折旧额?
3. 如何进行固定资产终止确认的会计处理?
4. 什么是投资性房地产?它与企业的固定资产有何不同?
5. 投资性房地产的后续计量有几种模式?它们有什么区别?

第 5 章

无形资产与商誉实训

学习目标

- 掌握无形资产与商誉的概念及特征。
- 掌握无形资产与商誉的相关会计处理。

5.1 无形资产的概念

无形资产指企业为生产商品、提供劳务、出租给他人，或为管理目的而持有的，没有实物形态的非货币性长期资产。如专利权、商标权、非专利技术、土地使用权、商誉等。

无形资产具有如下特征：没有实物形态，属于非货币性长期资产，是为企业使用而非出售的资产，在创造经济利益方面存在较大不确定性，是企业有偿取得的。

5.2 无形资产的分类

无形资产按其能否辨认分为可辨认无形资产和不可辨认无形资产。凡具有专门名称、能够个别取得和辨认的无形资产，均属于可辨认无形资产，包括专利权、非专利技术、商标权、著作权、土地用权等；凡不能单独为企业取得、无法具体辨认的无形资产，均属于不可辨认无形资产，如商誉。

无形资产按其所有权能否转让，分为可转让无形资产和不可转让无性资产。前者是可根据法律程序办理转让和出售的无形资产，如专利权、商标权等。后者是依附于特定企业，不能依据法律程序办理转让和出售的无形资产，如商誉等。

5.3 无形资产的核算

为了核算无形资产的增减变动和结存情况，应设置“无形资产”科目。该科目属资产类科目，借方登记取得无形资产的实际成本，贷方登记按期摊销、出售、对外捐赠转出等减少无形资产的成本，期末借方余额反映企业已经入账但尚未摊销的无形资产的摊余价值。本科目应按无形资产的类别设置明细账，进行明细核算。

无形资产的摊销年限按如下原则确定：

(1) 合同规定受益年限但法律没有规定有效年限的，摊销年限不应超过合同规定的受益年限；

(2) 合同没有规定受益年限但法律规定有效年限的，摊销年限不应超过法律规定的有效年限；

(3) 合同规定了受益年限，法律也规定了有效年限的，摊销年限不应超过受益年限和有效年限二者之中较短者；

(4) 如果合同没有规定受益年限，法律也没有规定有效年限的，摊销年限不应超过10年。

摊销无形资产价值时，借记“管理费用——无形资产摊销”等科目，贷记“无形资产”科目。若预计某项无形资产已经不能给企业带来未来经济利益，则应将该项无形资产的账面价值全部转入当期管理费用。

5.4 商　誉

商誉是指能在未来期间为企业经营带来超额利润的潜在经济价值，或一家企业预期的获利能力超过可辨认资产正常获利能力(如社会平均投资回报率)的资本化价值。商誉是企业整体价值的组成部分。在企业合并时，它是购买企业投资成本超过被合并企业净资产公允价值的差额。

依据商誉的取得方式，商誉可分为外购商誉和自创商誉。外购商誉是指由于企业合并采用购买法进行核算而形成的商誉；其他商誉即是自创商誉，或称为非外购商誉。

商誉和无形资产都属于资产类科目，表面上很相似，但有着本质的区别：

(1) 无形资产不具有实物形态、具有可辨认性、属于非货币性资产；

(2) 商誉的存在无法与企业自身分离，不具有可辨认性。

5.5 实训活动

活动要求

- 练习无形资产摊销的会计处理。
- 练习无形资产报废的会计处理。

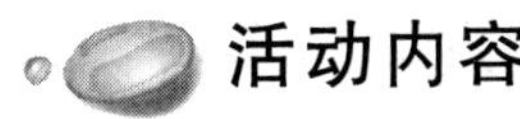

活动内容

【训练 1】　练习无形资产摊销的会计处理

(1) 2017 年 1 月 10 日，上海振兴港口机械有限公司购买了一项特许权，成本为 4 800 000 元，合同规定受益年限为 10 年。

(2) 2017 年 1 月 1 日，上海振兴港口机械有限公司将其自行开发完成的非专利技术出租给某公司，该非专利技术成本为 3 600 000 元，双方约定的租赁期限为 10 年。

要求：编制该公司 2017 年 1 月份无形资产摊销的会计分录。

【训练 2】　练习无形资产报废的会计处理

2017 年 12 月 31 日，上海振兴港口机械有限公司一项无形资产报废。该无形资产原值 100 000 元，预计使用 10 年，无残值。现已使用 6 年，已计提减值准备 3 000 元。

要求：编制该无形资产报废的会计分录。

活动评价

【训练 1】　练习无形资产摊销的会计处理

(1) 特许权摊销

借：管理费用　　40 000

　　贷：累计摊销　　40 000

(2) 非专利技术摊销

借：其他业务成本　　30 000

　　贷：累计摊销　　30 000

【训练 2】　练习无形资产报废的会计处理

无形资产报废的会计分录如下：

借：营业外支出　　37 000

　　累计摊销　　60 000

　　无形资产减值准备　　3 000

　　贷：无形资产　　100 000

本章小结

通过本章学习，应掌握无形资产是指企业拥有或者控制的、没有实物形态的、可辨认的非货币性资产。对于企业内部自行研究与开发项目所发生的支出，属于研究阶段的支出，应予以费用化；属于开发阶段的支出，符合资本化条件的，应计入无形资产价值。商誉不具有可辨认性，不属于无形资产范围。自创商誉不能确认，只有在企业收购和兼并中取得的外购商誉，才能进行会计确认。商誉不予摊销，但至少应在年度终了时进行减值测试。

思考题

1. 什么是无形资产？其主要特征是什么？
2. 无形资产的摊销方法有哪些？
3. 形成商誉的因素有哪些？
4. 商誉如何确认？
5. 如何对商誉进行计量？

第 6 章

金融资产实训

学习目标

- 掌握金融资产的概念及特征。
- 掌握金融资产的确认、初始计量和后续计量。
- 了解金融资产在财务报表中的列示与披露方法。

6.1 金融资产概述

金融资产是指企业持有的现金、其他方的权益工具以及符合下列条件之一的资产：

(1) 从其他方收取现金或其他金融资产的合同权利；

(2) 在潜在有利条件下，与其他方交换金融资产或金融负债的合同权利；

(3) 将来须用或可用企业自身权益工具进行结算的非衍生工具合同，且企业根据该合同将收到可变数量的自身权益工具；

(4) 将来须用或可用企业自身权益工具进行结算的衍生工具合同，但以固定数量的自身权益工具交换固定金额的现金或其他金融资产的衍生工具合同除外。

金融资产分为以摊余成本计量的金融资产、以公允价值计量且其变动计入其他综合收益的金融资产、以公允价值计量且其变动计入当期损益的金融资产，具体如表 6-1 所示。

表 6-1 金融资产的内容及核算科目

<table>
<tr><th colspan="2">三类金融资产</th><th>会计科目</th></tr>
<tr><td rowspan="2">以摊余成本计量的金融资产</td><td rowspan="2">业务模式目标：收取合同现金流量
合同现金流量特征：在特定日期产生的现金流量，仅为对本金和以未偿付本金金额为基础的利息的支付</td><td>债权投资</td></tr>
<tr><td>应收账款</td></tr>
<tr><td rowspan="2">以公允价值计量且其变动计入其他综合收益的金融资产</td><td rowspan="2">业务模式目标：既收取合同现金流量又出售该金融资产
合同现金流量特征：在特定日期产生的现金流量，仅为对本金和以未偿付本金金额为基础的利息的支付</td><td>其他债权投资</td></tr>
<tr><td>其他权益工具投资</td></tr>
<tr><td colspan="2">以公允价值计量且其变动计入当期损益的金融资产</td><td>交易性金融资产</td></tr>
</table>

6.2 以摊余成本计量的金融资产

6.2.1 初始计量

以摊余成本计量的金融资产的初始确认金额，是指企业取得以摊余成本计量的金融资产时实际支付的价款，即该投资取得时的交易价格和相关交易费用之和。

借：债权投资——成本（面值）

　　债权投资——利息调整（差额，可借可贷）

　　应收利息（实际支付的款项中包含的利息）

　　贷：银行存款

6.2.2 后续计量

以摊余成本计量的金融资产采用实际利率法按摊余成本后续计量。期末计息摊销的会计分录如下。

（1）溢价摊销

借：应收利息（分期付息债券按票面利率计算的利息）

或：债权投资——应计利息（一次性还本付息债券按票面利率计算的利息）

　　贷：投资收益（债权投资期初摊余成本乘以实际利率计算的利息）

　　　　债权投资——利息调整

（2）折价摊销

借：应收利息（分期付息债券按票面利率计算的利息）

或：债权投资——应计利息（一次性还本付息债券按票面利率计算的利息）

　　债权投资——利息调整

　　贷：投资收益（债权投资期初摊余成本乘以实际利率计算的利息）

6.2.3 终止确认

以摊余成本计量的金融资产终止确认时（包括到期收回、处置等），应结转该项资产的账面价值，包括该项资产账户的各明细余额以及相关减值准备账户余额，并将所取得对价的公允价值与该资产账面价值之间的差额确认为投资收益。

借：银行存款等

　　债权投资损失准备

贷：债权投资——成本

——利息调整（或借方）

——应计利息（一次还本付息）

投资收益（或借方）

6.2.4 实际利率法

实际利率法又称“实际利息法”，是指每期的利息费用按实际利率乘以期初债券账面价值计算，按实际利率计算的利息费用与按票面利率计算的应计利息的差额，即为本期摊销的溢价或折价。计算方法如下：

(1) 按照实际利率计算的利息费用＝期初债券的购买价款×实际利率；

(2) 按照面值计算的利息＝面值×票面利率；

(3) 在溢价发行的情况下，当期溢价的摊销额＝按照面值计算的利息－按照实际利率计算的利息费用；

(4) 在折价发行的情况下，当期折价的摊销额＝按照实际利率计算的利息费用－按照面值计算的利息。

注意：期初债券的账面价值＝面值＋尚未摊销的溢价或－未摊销的折价。如果是到期一次还本付息的债券，计提的利息会增加债券的账面价值，在计算的时候是要减去的。

实际利率是要用内插法（又称插值法）计算的。“内插法”的原理是根据比例关系建立一个方程，然后解方程计算得出所需要的数据。例如：假设与 A1 对应的数据是 B1，与 A2 对应的数据是 B2，现在已知与 A 对应的数据是 B，A 介于 A1 和 A2 之间，则可以按照 (A1－A)/(A1－A2)＝(B1－B)/(B1－B2) 计算得出 A 的数值，A 即为我们所求的实际利率。

6.3 以公允价值计量且其变动计入其他综合收益的金融资产

6.3.1 初始计量

以公允价值计量且其变动计入其他综合收益的金融资产，应当按取得该金融资产的交易价格和相关交易费用之和作为初始确认金额。支付的价款中包含了已宣告发放的债券利息或现金股利的，单独确认为应收项目。

会计处理如下：

(1) 股票投资

如果不是以交易为目的的，可以直接指定为以公允价值计量且变动计入其他综合收益的非交易性金融工具投资。

借：其他权益工具投资——成本(公允价值与交易费用之和)

应收股利(已宣告未发放的现金股利)

其他债权投资——利息调整(倒挤差额)

贷：银行存款等

(2) 债券投资

借：其他债权投资——成本(面值)

应收利息(实际支付款项中包含的已到付息期未领取的利息)

其他债权投资——利息调整(倒挤差额)

贷：银行存款等

6.3.2 后续计量

1. 持有期间取得利息或现金股利的会计处理

该金融资产在持有期间取得的利息或者现金股利，应当确认为投资收益。

(1) 分期付息、一次还本的债券投资

借：应收利息(票面金额×票面利率)

贷：投资收益(期初摊余成本×实际利率)

其他债权投资——利息调整(倒挤差额)

(2) 到期一次还本付息的债券投资

借：其他债权投资——应计利息(票面金额×票面利率)

贷：投资收益(期初摊余成本×实际利率)

其他债权投资——利息调整(倒挤差额)

(3) 其他权益工具投资应当根据被投资单位宣告分配的现金股利份额确认投资收益

借：应收股利

贷：投资收益

2. 资产负债表日确认公允价值变动

在资产负债表日发生的公允价值变动，计入其他综合收益。

(1) 公允价值大于账面余额

借：其他债权投资——公允价值变动

贷：其他综合收益——其他债权投资公允价值变动

(2) 公允价值小于账面余额

借：其他综合收益——其他债权投资公允价值变动

贷：其他债权投资——公允价值变动

6.3.3　终止确认

债权投资终止确认时，售价与账面价值之间的差额计入投资收益；同时将其他综合收益转出，计入当期损益。

借：银行存款(实际收到金额)

　　其他综合收益——其他债权投资公允价值变动

　　贷：其他债权投资——成本、应计利息

　　　　其他债权投资——利息调整、公允价值变动

　　　　投资收益(倒挤差额)

股票投资终止确认时，售价与账面价值之间的差额计入留存收益；同时将累计计入其他综合收益的公允价值变动金额转出，计入留存收益。

借：银行存款(实际收到金额)

　　贷：其他权益工具投资——成本

　　　　　　　　　　　——公允价值变动

　　　　盈余公积、利润分配——未分配利润(倒挤差额，借或者贷)

借：其他综合收益(公允价值累计变动额)

　　贷：盈余公积、利润分配——未分配利润

(或与上述分录相反)

6.4　以公允价值计量且其变动计入当期损益的金融资产

1. 初始计量

借：交易性金融资产——成本(按其公允价值)

　　投资收益(发生的交易费用)

　　应收股利/应收利息(已宣告但尚未发放的现金股利/利息)

　　贷：银行存款

2. 后续计量

1) 公允价值的变动计入当期损益

(1) 公允价值大于账面价值(升值)

借：交易性金融资产——公允价值变动

　　贷：公允价值变动损益

(2) 公允价值小于账面价值(贬值)：做相反分录。

2) 持有期间收到被投资单位发放的现金股利或利息

借：应收股利/应收利息(面值×票面利率)

　　贷：投资收益

借：银行存款

　　贷：应收股利/应收利息

3. 处置

借：银行存款

　　贷：交易性金融资产——成本

　　　　　　　　　　——公允价值变动(或借方)

　　　　投资收益(或借方)

6.5 实训活动

活动要求

- 编制与金融资产相关的会计分录。
- 熟悉与经济业务相关的原始凭证。

活动内容

【训练 1】 练习以公允价值计量且其变动计入当期损益的金融资产(股票投资)核算

2018 年 3 月 25 日，上海振兴港口机械有限公司按每股 3.50 元的价格购入每股面值 1 元的某公司股票 1 万股，作为交易性金融资产，并支付交易税费 250 元，股票购买价格中包含每股 0.1 元已宣告但尚未领取的现金股利，该现金股利于 2018 年 4 月 10 日发放。

要求：编制相关会计分录。

【训练 2】 练习以公允价值计量且其变动计入当期损益的金融资产(债券投资)核算

2018 年 1 月 1 日，上海振兴港口机械有限公司按 210 000 元的价格购入面值为 200 000 元的债券。该债券于 2017 年 1 月 1 日发行，期限 5 年，票面利率 5%，到期一次还本付息。上海振兴港口机械有限公司将该债券作为交易性金融资产，并支付交易税费 800 元。

要求：编制该公司购入债券的会计分录。

【训练 3】 练习以摊余成本计量的金融资产核算

振兴机械于 2018 年 1 月 1 日从证券市场购入 B 公司 2017 年 1 月 1 日发行的债券，债券是 5 年期，票面年利率是 5%，每年 1 月 5 日支付上年度的利息，到期日为 2022 年 1 月 1 日，到期日一次归还本金和最后一期的利息。振兴机械购入债券的面值为 1 000 000 元，实际支付的价款是 1 005 350 元，另外支付相关费用 10 000 元。振兴机械购入以后将其划分为以摊余成本计量的金融资产，购入债券的实际利率为 6%，假定按年计提利息。

要求：

(1) 编制购入债券的会计分录；

(2) 编制债券利息调整摊销表；

(3) 编制 2018 年 1 月 5 日收到利息及 12 月 31 日计息摊销的会计分录。

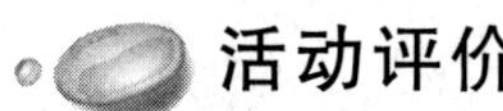

活动评价

【训练 1】 练习以公允价值计量且其变动计入当期损益的金融资产(股票投资)核算

(1) 2018 年 3 月 25 日购入

借：交易性金融资产——成本　34 000
　　投资收益　250
　　应收股利　1 000
　　贷：银行存款　35 250

(2) 2018 年 4 月 10 日发放现金股利

借：银行存款　1 000
　　贷：应收股利　1 000

【训练 2】 练习以公允价值计量且其变动计入当期损益的金融资产(债券投资)核算

债券为到期一次还本付息，买价中包含的应收利息为 200 000×5%×1=10 000(元)。

借：交易性金融资产——成本　200 000
　　投资收益　800
　　应收利息　10 000
　　贷：银行存款　210 800

【训练 3】 练习以摊余成本计量的金融资产核算

(1) 2018 年 1 月 1 日，公司购入债券时：

借：债权投资——成本　1 000 000
　　应收利息　50 000
　　贷：银行存款　1 015 350
　　　　债权投资——利息调整　34 650

(2) 编制的债券利息调整摊销表如表 6-2 所示。

表 6-2 债券利息调整摊销表 单位：元

日期	投资收益	应收利息	利息调整摊销	期末摊余成本
2018 年 1 月 1 日				965 350.00
2018 年 12 月 31 日	57 921.00	50 000	7 921.00	973 271.00
2019 年 12 月 31 日	58 396.26	50 000	8 396.26	981 667.26
2020 年 12 月 31 日	58 900.04	50 000	8 900.04	990 567.30
2021 年 12 月 31 日	59 432.70	50 000	9 432.70	1 000 000.00
合计	234 650.00	200 000.00	34 650.00	

(3) 编制 2018 年 1 月 5 日收到利息及 12 月 31 日计息摊销的会计分录。

① 2018 年 1 月 5 日收到利息时

借：银行存款　　50 000

　　贷：应收利息　　50 000

② 2018 年 12 月 31 日计息摊销时

借：应收利息　　50 000

　　债权投资——利息调整　　7 921

　　贷：投资收益　　57 921

本章小结

通过本章学习，了解根据管理金融资产的业务模式和金融资产的合同现金流量特征，将金融资产划分为哪三类。以公允价值计量且其变动计入其他综合收益的金融资产、以公允价值计量且其变动计入当期损益的金融资产，均按公允价值进行后续计量。前者的公允价值变动损益计入当期损益；后者的公允价值变动损益计入其他综合收益。

思考题

1. 摊余成本如何确定？

2. 以公允价值计量且其变动计入当期损益的金融资产与以公允价值计量且其变动计入其他综合收益的金融资产相比，两者在初始计量、后续计量方面有何异同？

3. 处置以公允价值计量且其变动计入其他综合收益的权益工具投资时，其计入其他综合收益的公允价值变动余额能够转入当期损益吗？

第 7 章

长期股权投资实训

学习目标

- 掌握长期股权投资的概念及特征。
- 掌握长期股权投资成本法的核算。
- 掌握长期股权投资权益法的核算。

7.1 长期股权投资概述

7.1.1 长期股权投资的概念及特点

长期股权投资是指通过投资取得被投资单位的股份。企业对其他单位的股权投资，通常视为长期持有，通过股权投资达到控制被投资单位，或对被投资单位施加重大影响，或与被投资单位建立密切关系，以分散经营风险的目的。其特点为：

(1) 长期股权投资是以让渡企业部分资产而换取的另一项非流动资产；

(2) 长期股权投资是企业在生产经营活动之外持有的非流动资产；

(3) 长期股权投资是一种以要求取得较多长期收益或利益权利为表现形式的资产；

(4) 长期股权投资是一种有较高财务风险的资产。

7.1.2 长期股权投资的分类

长期股权投资依据对被投资企业产生影响的不同，分为以下三类。

1. 控制

控制是指有权决定一个企业的财务和经营政策，并能从该企业的经营成果中获取经济利益。

2. 共同控制

指按合同约定对某项经济活动所共有的控制。共同控制仅指共同控制实体，不包括共同控制经营、共同控制财产等，即共同控制是指由两个或多个企业或个人共同组建的企业，该企业的财务和经营政策必须有投资双方或若干方共同决定。

3. 重大影响

指对一个企业的财务和经营政策有参与决策的权力，但并不决定这些政策。当一方拥有另一方20%或以上至50%表决权资本，或在被投资企业的董事会或类似权力机构中派有代表，或参与政策的制定过程，或相互交换管理人员以及依赖投资方的技术资料，一般对被投资企业有重大影响。

7.2 核算方法

7.2.1 成本法

成本法是指按投资成本计价进行核算的一种方法。企业持有的长期股权投资，在下列情况下应采用成本法核算：

(1) 投资企业对被投资单位无控制、无共同控制且无重大影响。

(2) 不准备长期持有被投资单位的股份。这种情况是指，投资企业在投资时意图长期持有，但其后由于管理当局的意图改变而不准备长期持有被投资单位的股份。

(3) 被投资单位在严格的限制条件下经营，其向投资企业转移资金的能力受到限制。在这种情况下，投资企业的控制和影响能力受到限制，不能按照自身的意愿调度和使用资金。

下面为成本法的核算程序。

企业认购股票付款时，按实际支付的价款(包括支付的税金、手续费等费用)，借记“长期股权投资——股票投资、其他股权投资”科目，贷记“银行存款”科目；如果实际支付的价款中包含已宣告但尚未领取的现金股利，按实际支付的价款减去已宣告但尚未领取的现金股利后的金额，借记“长期股权投资——股票投资、其他股权投资”科目，按应收取的现金股利，借记“应收股利”科目，按实际支付的价款，贷记“银行存款”科目。

股权持有期内应于被投资企业宣告发放现金股利或利润时确认投资收益。企业确认的投资收益仅限于所获得的被投资单位在接受投资后产生的累积净利润，所获得的被投资单位宣告分派的现金股利或利润超过上述数额的部分，作为初始投资成本的收回。企业按被投资单位宣告发放的现金股利或利润中属于应当由本企业享有部分，借记“应收股利”科目，贷记“投资收益”“长期股权投资——股票投资、其他股权投资”科目；实际收到现金股利或利润时，借记“银行存款”科目，贷记“应收股利”科目。

7.2.2　权益法

权益法核算的范围如下：

（1）企业对被投资单位具有共同控制的长期股权投资，即企业对其合营企业的长期股权投资。

（2）企业对被投资单位具有重大影响（占股权的 20％～50％）的长期股权投资，即企业对其联营企业的长期股权投资。

采用权益法时，投资单位取得投资时应该将成本（取得长期股权投资的成本）与所享份额（按持股比例享有被投资单位所有者权益公允价值的份额）进行比较，如果前者大于后者，则不调整长期股权投资的初始账面价值（即以取得的成本作为初始账面价值）；如果前者小于后者，则要调整长期股权投资的初始账面价值（即以所享份额的公允价值作为它的初始价值，将二者的差额计入营业外收入）。投资企业应在取得股权投资后，按应享有或应分担的被投资单位当年实现的净利润或发生的净亏损的份额（法规或公司章程规定不属于投资企业的净利润除外），调整投资的账面价值，并确认为当期投资损益。投资企业按被投资单位宣告分派的利润或现金股利计算应分得的部分，相应减少投资的账面价值。

7.3　实训活动

活动要求

- 编制与长期股权投资相关的会计分录。
- 编制与经济业务相关的原始凭证。

活动内容

【训练 1】　练习企业合并形成的长期股权投资的会计处理

2018 年 3 月 20 日上海振兴港口机械有限公司合并某企业。该项合并属于同一控制下的甲企业，合并中振兴机械发行本公司普通股 1 000 万股，每股面值 1 元，市价为 2.1 元，作为对价取得甲企业 60％的股权，合并日甲企业的净资产账面价值为 3 200 万元，公允价值为 3 500 万元。假定合并前双方采用的会计政策及会计期间均相同，问振兴机械对该合并应作何会计处理?

【训练 2】 练习企业合并形成的长期股权投资的会计处理

2018 年 3 月 20 日振兴机械以银行存款 1 000 万元及一项土地使用权,取得其母公司控制的乙公司 80%的股权,并于当日起能够对乙公司实施控制。合并日该土地使用权的账面价值为 3 200 万元,假定尚未开始摊销,公允价值为 4 000 万元,乙公司净资产的账面价值为 6 000 万元,公允价值为 6 250 万元。假定振兴机械与乙公司的会计年度和采用的会计政策相同,不考虑其他因素,编制确认该长期股权投资的会计分录。

【训练 3】 练习以合并以外方式取得长期股权投资的会计处理

2018 年 1 月 1 日,振兴机械购入乙公司 30%的普通股权,对乙公司有重大影响。振兴机械支付买价 640 万元,同时支付相关税费 4 万元,购入的乙公司股权准备长期持有。乙公司 2018 年 1 月 1 日的所有者权益的账面价值为 2 000 万元,公允价值为 2 200 万元,编制振兴机械长期股权投资的初始投资的会计分录。

【训练 4】 练习长期股权投资权益法后续计量的会计处理

甲企业于 2019 年 1 月 1 日取得乙公司 20%的股份,能够对乙公司实施重大影响。假定甲企业取得该项投资时,乙公司各项可辨认资产、负债的公允价值与其账面价值相等。2019 年 11 月,乙公司将其成本为 1 200 万元的某商品以 1 800 万元的价格出售给甲企业,至 2019 年 12 月 31 日,甲企业未对外出售该存货。乙公司 2019 年度实现净利润 3 200 万元。假定不考虑其他因素。

要求:编制甲企业确认应享有乙公司 2019 年净损益的会计分录。

【训练 5】 练习企业长期股权投资超额亏损的会计处理

甲公司持有乙公司 30%的股权,能够对乙公司施加重大影响。因乙公司以前年度连续亏损,至 2019 年年初甲公司备查账簿中显示,对于该项长期股权投资,甲公司尚有未确认的亏损分担额 100 万元。2019 年度,乙公司实现净利润 500 万元。假定不考虑其他因素。

要求:计算 2019 年度甲公司对该项投资应该确认的投资收益金额。

【训练 6】 练习企业出售长期股权投资的会计处理

甲公司持有乙公司 40%的股权,2018 年 11 月 30 日,甲公司出售所持有乙公司股权的 25%,剩余投资继续采用长期股权投资权益法核算。出售时甲公司账面上对乙公司长期股权投资的构成为:投资成本 3 600 万元,损益调整 960 万元,其他权益变动 600 万元。出售取得价款 1 410 万元。

要求:编制甲公司出售该部分股权应确认的投资收益的会计分录。

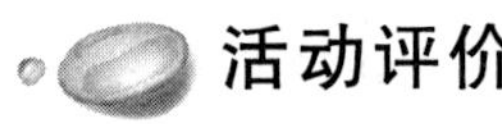

活动评价

【训练 1】 练习企业合并形成的长期股权投资的会计处理

振兴机械对甲企业长期股权投资的初始投资成本为 32 000 000×60%=19 200 000(元)。

借：长期股权投资　　　　　　　　　　19 200 000
　　贷：股本　　　　　　　　　　　　　　10 000 000
　　　　资本公积——股本溢价　　　　　　 9 200 000

【训练 2】 练习企业合并形成的长期股权投资的会计处理

同一控制下，长期股权投资的入账价值＝60 000 000×80％＝48 000 000(元)，应确认的资本公积＝48 000 000－(10 000 000 ＋ 32 000 000)＝6 000 000(元)。

相关会计分录如下：

借：长期股权投资　　　　　　　　　　48 000 000
　　贷：银行存款　　　　　　　　　　　　10 000 000
　　　　无形资产　　　　　　　　　　　　32 000 000
　　　　资本公积——股本溢价　　　　　　 6 000 000

【训练 3】 练习以合并以外方式取得长期股权投资的会计处理

初始投资成本包括与取得长期股权投资直接相关的费用、税金及其他必要支出。公司长期股权投资的初始投资成本＝6 400 000＋40 000＝640 000(元)。

借：长期股权投资　　　　　　　　　　640 000
　　贷：银行存款　　　　　　　　　　　　640 000

【训练 4】 练习长期股权投资权益法后续计量的会计处理

(32 000 000 － 6 000 000) × 20％ ＝5 200 000(元)

借：长期股权投资——损益调整　　　　5 200 000
　　贷：投资收益　　　　　　　　　　　　5 200 000

【训练 5】 练习企业长期股权投资超额亏损的会计处理

应分担的亏损额 ＝5 000 000 × 30％ ＝1 500 000(元)

应当期确认的亏损额 －1 500 000 － 1 000 000 ＝50 000(元)

借：长期股权投资——损益调整　　　　50 000
　　贷：投资收益　　　　　　　　　　　　50 000

【训练 6】 练习企业出售长期股权投资的会计处理

投资成本 ＝36 000 000 × 25％ ＝9 000 000(元)

损益调整 ＝9 600 000 × 25％ ＝2 400 000(元)

其他权益变动 ＝6 000 000 × 25％ ＝1 500 000(元)

投资收益 ＝14 100 000 － 9 000 000 － 2 400 000 － 1 500 000 ＝1 200 000(元)

借：银行存款　　　　　　　　　　　　14 100 000
　　贷：长期股权投资——投资成本　　　　9 000 000
　　　　　　　　　　——损益调整　　　　2 400 000
　　　　　　　　　　——其他权益变动　　1 500 000
　　　　投资收益　　　　　　　　　　　　1 200 000

借：资本公积——其他资本公积 1 500 000

　　贷：投资收益 1 500 000

本章小结

通过本章学习，应掌握长期股权投资的范围和后续核算方法，以及每种方法的使用情况及核算特点；了解资产负债表中长期股权投资项目的金额根据哪一项的账面价值列报。

思考题

1. 长期股权投资的成本法的适用范围及核算特点是什么？
2. 长期股权投资的权益法的适用范围及核算特点是什么？
3. 长期股权投资核算方法的转换如何区别不同情况进行分别处理？
4. 长期股权投资的处置原则及会计处理中应注意的问题是什么？
5. 有关长期股权投资在会计报表中应披露哪些相关的信息？

第 8 章

资产减值实训

学习目标

- 掌握资产减值的概念及特征。
- 掌握金融资产减值的会计处理。
- 掌握固定资产减值的会计处理。
- 掌握无形资产减值的会计处理。

8.1 资产减值的概念

资产减值是指资产的可收回金额低于其账面价值。这里的资产，除了特别规定外，包括单项资产和资产组。资产组是指企业可以认定的最小资产组合，其产生的现金流入应当基本上独立于其他资产或者资产组产生的现金流入。

资产减值对象主要包括以下资产：

(1) 对子公司、联营企业和合营企业的长期股权投资；

(2) 采用成本模式进行后续计量的投资性房地产；

(3) 固定资产；

(4) 生产性生物资产；

(5) 无形资产；

(6) 商誉；

(7) 探明石油天然气矿区权益和井及相关设施。

资产减值不涉及：消耗性生物资产、以公允价值模式进行后续计量的投资性房地产、建造合同形成的资产、递延所得税资产、融资租赁中出租人未担保余值，以及金融资产等。

8.2 资产减值迹象

资产可能发生减值的迹象是资产是否需要进行减值测试的前提。减值迹象主要包括以下方面：

(1) 资产的市价当期大幅度下跌，其跌幅明显高于因时间的推移或者正常使用而预计的下跌；

(2) 企业经营所处的经济、技术或者法律等环境以及资产所处的市场发生重大变化，从而对企业产生不利影响；

(3) 市场利率或者其他市场投资报酬率在当期已经提高，从而影响企业计算资产预计未来现金流量现值的折现率，导致资产可回收金额大幅度降低；

(4) 有证据表明资产已经陈旧过时或者其实体已经损坏；

(5) 资产已经或者将被闲置、终止使用或者其实体已经损坏；

(6) 企业内部报告的证据表明资产的经济绩效已经低于或者将低于预期，如资产所创造的净现金流量或者实现的营业利润(或者亏损)远远低于(或者高于)预期金额等；

(7) 其他表明资产可能发生减值的迹象。

8.3 资产减值的转回

(1) 资产减值可以转回，主要有存货跌价准备、坏账准备、可供出售金融资产减值准备、持有至到期投资减值准备、消耗性生物资产跌价准备、贷款损失准备、未担保余值减值准备、损余物资跌价准备、递延所得税资产减值准备等。

(2) 资产减值不可以转回，主要有长期股权投资减值准备、固定资产减值准备、无形资产减值准备、在建工程减值准备、工程物资减值准备、生产性生物资产减值准备、商誉减值准备、采用成本模式进行后续计量的投资性房地产减值准备、探明石油天然气矿区权益和井及相关设施减值准备等。

8.4 实 训 活 动

活动要求

- 编制与资产减值相关的会计分录。
- 编制与经济业务相关的原始凭证。

活动内容

【训练 1】 练习固定资产减值的会计处理

上海振兴港口机械有限公司 2016 年 12 月 30 日购入大型设备一套，该设备原值为

1 200 000 元，预计使用寿命为 8 年，预计净残值为零，采用年限平均法计提折旧。自 2018 年 10 月份以来，由于技术进步与其他原因的影响，这种设备的市价开始下滑，至 2018 年年末，该设备的预计可收回金额为 630 000 元。编制相关业务的会计分录。

【训练 2】 练习应收账款减值的会计处理

上海振兴港口机械有限公司 2016 年年末应收账款余额为 10 000 000 元，按 1%计提坏账准备。计提前坏账准备余额为 80 000 元。编制计提坏账准备的会计分录。

【训练 3】 练习无形资产减值的会计处理

2017 年 12 月 31 日，市场上以某项技术生产的产品势头较好，已对上海振兴港口机械有限公司产品的销售产生重大不利影响。上海振兴港口机械有限公司外购的类似专利技术的账面价值为 800 000 元，剩余摊销年限为 4 年，经减值测试，该专利技术的可收回金额为 750 000 元。编制计提减值的会计分录。

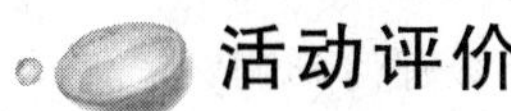

活动评价

【训练 1】 练习固定资产减值的会计处理

已提折旧＝1 200 000/8×2＝300 000(元)

账面余额＝固定资产的账面原价＝1 200 000(元)

账面净值＝固定资产的折余价值＝固定资产原价－计提的累计折旧

＝1 200 000－300 000＝900 000(元)

现在“该设备的预计可收回金额为 630 000 元”小于账面净值 900 000 元，要计提减值准备＝900 000－630 000＝270 000(元)

借：资产减值损失 270 000

  贷：固定资产减值准备 270 000

【训练 2】 练习应收账款减值的会计处理

坏账准备年末余额＝10 000 000×1%＝100 000(元)

应计提减值准备＝100 000－80 000＝20 000(元)

借：信用减值损失 20 000

  贷：坏账准备 20 000

【训练 3】 练习无形资产减值的会计处理

由于账面价值为 800 000 元，可收回金额为 750 000 元，可收回金额低于账面价值，应按其差额 50 000 元计提减值准备。上海振兴港口机械有限公司应作如下会计分录：

借：资产减值损失——计提的无形资产减值准备 50 000

  贷：无形资产减值准备 50 000

本章小结

通过本章学习，应了解企业确定资产减值损失的重要性，掌握资产减值确认的不同标准。熟悉投资性房地产(采用成本模式后续计量)、长期股权投资、固定资产、无形资产、商誉等长期资产，按照我国企业会计准则的规定，损失一经确认，在以后会计期间不得转回。

思考题

1. 企业如何进行存货的减值测试?
2. 为什么对存货进行减值测试时要考虑企业持有存货的目的?
3. 如果固定资产、无形资产发生减值，那么，对其以后的价值转移有何影响?

第 9 章

应付及应交款项实训

学习目标

- 了解应付及应交款项的内容、确认及计量原则。
- 掌握应付票据、应付账款和其他应付款等项目的账务处理。
- 了解应交增值税、消费税等主要税种的账务处理特点。
- 掌握一般职工薪酬、辞退福利的账务处理。
- 了解股份支付的确认、计量原则及账务处理。

9.1 负债的概念及分类

1. 负债的概念及确认条件

负债是指企业过去的交易或者事项形成的，预期会导致经济利益流出企业的现时义务。同时满足以下条件时，确认为负债：

(1) 与该义务有关的经济利益很可能流出企业；

(2) 未来流出的经济利益的金额能够可靠地计量。

2. 负债的分类

按其流动性分类，可以分为流动负债和非流动负债；按其与金融工具的相关性分类，可以分为金融负债和非金融负债；按其未来偿付的确定性，可分为一般负债和预计负债。

9.2 应付款项

9.2.1 应付款项的确认与计量

1. 应付款项的确认

应付款项是指企业在经济活动中形成的现时义务。同时满足下列条件时予以确认：

（1）与偿债义务有关的经济利益很可能流出企业；

（2）未来流出的经济利益的金额能够可靠地计量。

2. 应付款项的计量

（1）初始计量：按形成时公允价值和相关交易费之和计量。

（2）后续计量：采用实际利率法并按摊余成本计量。对于偿还期较短的应付款项，因其现值与到期值的差异不大，可按实际交易形成的债务金额简化计量。

9.2.2 应付款项的账务处理

1. 应付票据的账务处理

应付票据是指企业购买材料、商品和接受劳务供应等而开出、承兑的商业汇票所形成的债务。应付票据按承兑人分为银行承兑汇票和商业承兑汇票；按照是否带利息，又分为带利息汇票和不带利息的汇票。

1）应收票据的一般会计处理

（1）开出时

借：材料采购

　　应交税费

或：应付账款等

　　贷：应付票据

（2）票据计息

借：财务费用

　　贷：应付票据

（3）票据到期

借：应付票据（到期值）

　　贷：银行存款

2）逾期应付票据的账务处理

足额计提利息后，将商业承兑汇票到期值计入应付账款账户，将银行承兑汇票到期值计入短期借款账户，将加收的罚息计入财务费用账户。

2. 应付账款的账务处理

应付账款是指企业因购买材料、商品和接受劳务供应等经营活动应支付的款项。

1）应付账款的确认

在物资和发票账单同时到达的情况下，待物资验收入库后确认入账；在物资和发票账单不同时到达的情况下，一般待收到发票账单再确认入账；如月末发票账单仍未到达，则暂估入账。

2）应付账款的账务处理

（1）发生时的会计处理

借：材料采购

原材料

应交税费——应交增值税（进项税额）

贷：应付账款

（2）偿还时的会计处理

借：应付账款

贷：银行存款

划转应付账款或其确实无法支付时的会计处理，按账面余额结转计入营业外收入。

3. 预收账款的账务处理

预收账款是指企业按照合同规定预收的款项。下面为两种不同的账务处理。

1）单独设置“预收账款”账户

（1）预收时

借：银行存款

贷：预收账款

（2）销售实现时

借：预收账款

贷：主营业务收入

应交税费——应交增值税

（3）结清差额时

借：银行存款

贷：预收账款

或者

借：预收账款

贷：银行存款

2）不单独设置“预收账款”账户

以“应收账款”账户替代“预收账款”账户，资产负债表中债权债务分别列示，不得抵销。

4. 其他应付款的账务处理

其他应付款是指企业除应付票据、应付账款、预收账款、应付职工薪酬、应付股利、应付利息、应交税费、长期应付款等以外的其他各项应付、暂收的款项。包括暂收的押金、存入的保证金、应付经营租入固定资产租金、租入包装物租金等。会计账务处理如下。

（1）收到暂收款项时

借：银行存款、库存现金等

　　贷：其他应付款

（2）结算应付款项时

借：有关成本费用账户

　　贷：其他应付款

（3）实际支付时

借：其他应付款

　　贷：银行存款、库存现金等

5. 应付股利的账务处理

应付股利是指企业根据股东大会或类似机构审议批准分配的现金股利或利润。会计账务处理如下。

（1）确认时

借：利润分配

　　贷：应付股利

（2）实际支付时

借：应付股利

　　贷：银行存款

分派股票股利（送红利股），不通过“应付股利”账户核算。

6. 长期应付款的账务处理

长期应付款是指企业除长期借款和应付债券以外的其他各种长期应付款项。

1）融资租入固定资产应付款的账务处理

（1）租赁期开始日

借：固定资产（租赁开始日租赁资产公允价值与最低租赁付款额现值两者中较低者）

　　未确认融资费用（差额）

　　贷：长期应付款（最低租赁付款额）

（2）租赁期内采用实际利率法计算分摊金额，摊销未确认融资费用，会计分录如下：

借：财务费用

　　贷：未确认融资费用

（3）按期支付租赁费的会计分录如下：

借：长期应付款

贷：银行存款

2）延期付款购置资产应付款的账务处理

借：固定资产（延期支付价款的现值）

未确认融资费用

贷：长期应付款（延期支付的价款）

9.3 应交税费

9.3.1 应交税费的概念及其内容

应交税费是指企业按照税法规定计算的各种应交纳的税金和附加费，主要包括增值税、消费税、企业所得税、资源税、土地增值税、城市维护建设税、房产税、土地使用税、车船税、个人所得税、教育费附加、矿产资源补偿费等。

9.3.2 应交税费的确认与计量

相关的经济活动发生时予以确认并按税法要求进行计量；或按税法要求在会计期末进行汇总确认与计量。

9.3.3 应交税费的账务处理

1. 应交增值税的账务处理

1）一般纳税人应交增值税的账务处理

“应交税费——应交增值税”明细账基本格式如表 9-1 所示。

表 9-1 应交税费——应交增值税明细账示意

应交税费——应交增值税							
摘要	借方			贷方			余额
	进项税额	已交税金	……	销项税额	进项税额转出	出口退税	

（1）基本购销业务的账务处理

① 购入材料、接受应税劳务时

借：原材料等

应交税费——应交增值税（进项税额）

贷：应付账款等

② 销售产品时

借：应收账款等

　　贷：主营业务收入

　　　　应交税费——应交增值税(销项税额)

(2) 视同销售业务的账务处理

① 会计与税法有关规定一致，均作为销售处理：

借：长期股权投资等

　　贷：主营业务收入

　　　　应交税费——应交增值税(销项税额)

借：主营业务成本

　　贷：库存商品

② 会计与税法有关规定不同，不作为销售处理：

借：在建工程等

　　贷：库存商品

　　　　应交税费——应交增值税(销项税额)

(3) 购入免税农产品的账务处理

借：原材料等　　　　　　　　　　　　(买价－进项税额)

　　应交税费—应交增值税(进项税额)　　(买价×扣除率)

　　贷：银行存款等

(4) 上交增值税的账务处理

借：应交税费——应交增值税(已交税金)

　　贷：银行存款

2) 小规模纳税人应交增值税的账务处理

不对“应交增值税”设明细专栏；不分进项、销项。

(1) 企业购入物资或接受应税劳务时

借：原材料等(买价＋进项税额)

　　贷：银行存款等

(2) 销售产品时

借：应收账款等

　　贷：主营业务收入

　　　　应交税费——应交增值税

2. 应交消费税的账务处理

1) 销售应税消费品的账务处理

按税法规定计算确定应交的消费税税额：

借：税金及附加

　　贷：应交税费——应交消费税

将应税消费品用于在建工程、对外捐赠等项目时，会计上不作为销售，为此承担的消费税应计入工程成本、捐赠支出等。

2）委托加工应税消费品的账务处理

企业委托加工应税消费品由受托方代扣代缴消费税。

（1）收回后用于连续生产应税消费品

借：委托加工物资

　　应交税费——应交增值税（进项税额）

　　应交税费——应交消费税

　　贷：银行存款等

（2）收回后直接用于销售

借：委托加工物资

　　应交税费——应交增值税（进项税额）

　　贷：银行存款等

组成计税价格＝（材料成本＋加工费）/（1－消费税税率）

3）其他应交税费的账务处理

（1）应交资源税的账务处理

借：税金及附加（出售矿产品）

　　生产成本（自用矿产品）

　　原材料（购入未税矿产品）

　　贷：应交税费——应交资源税

（2）应交土地增值税的账务处理

借：税金及附加（房地产销售）

　　固定资产清理（固定资产转让）

　　贷：应交税费——应交土地增值税

（3）应交城市维护建设税的账务处理

借：税金及附加

　　固定资产清理等

　　贷：应交税费——应交城建税

（4）应交企业所得税的账务处理

借：所得税费用

　　贷：应交税费——应交所得税

（5）应交个人所得税的账务处理

借：应付职工薪酬

贷：应交税费——应交个人所得税

（6）应交房产税、土地使用税、车船税的账务处理

借：管理费用

贷：应交税费——应交××税

（7）税收返还的账务处理

一般不能预计应收金额提前确认税收返还利得。

① 用于补偿企业当期或以前已发生的费用、损失：

借：银行存款

贷：营业外收入（性质属于政府补助）

② 按税法规定确认出口应退增值税：

借：其他应收款等

贷：应交税费——应交增值税（出口退税）

9.4 职工薪酬

9.4.1 应付职工薪的会计处理

1. 职工薪酬的组成内容

（1）职工工资、奖金、津贴和补贴；

（2）职工福利费；

（3）社会保险费；

（4）住房公积金；

（5）工会经费和职工教育经费；

（6）非货币性福利；

（7）辞退福利；

（8）股权激励等。

2. 职工薪酬的确认与计量

1）职工薪酬的确认

辞退福利以外的职工薪酬，按权责发生制原则和受益原则，分别不同受益对象进行处理：为生产产品、提供服务负担的职工薪酬计入有关产品或劳务的成本；为购建固定资产负担的职工薪酬计入在建工程成本；为开发无形资产负担的职工薪酬计入无形资产成本；其他职工薪酬计入当期管理费用、销售费用等。难以认定受益对象的非货币性福利计入管理费用。

辞退福利的确认应当同时满足下列条件：企业已经制订正式的解除劳动关系计划或提出自愿裁减建议，并即将实施；企业不能单方面撤回解除劳动关系计划或裁减建议。辞退福利在确认时计入管理费用。

2）职工薪酬的计量

职工的工资、奖金、津贴和补贴由考勤或产量记录以及单位工资标准计算确定；有规定计提基础和比例的，按规定的基础和比例计算确定；企业以自产的产品作为非货币性福利发放的，以该商品的公允价值及相关税费计算确定；企业以向职工提供资产使用权作为职工薪酬的，以该资产每期应计提的折旧、摊销的价值、应付租金等计算确定。

3. 职工薪酬的账务处理

1）除辞退福利以外的货币性职工薪酬的账务处理

（1）确认应付职工薪酬时

借：生产成本
　　制造费用
　　销售费用
　　管理费用
　　在建工程
　　研发支出——资本化支出
　　贷：应付职工薪酬

（2）实际支付职工薪酬时

借：应付职工薪酬
　　贷：应交税费（企业代扣代缴的个人所得税）
　　　　银行存款（实际发放的薪酬，缴纳由企业和职工负担的社会保险费和公积金等）

2）非货币性福利的账务处理

应通过“应付职工薪酬”账户核算。

（1）以自产产品提供给职工作为福利

借：应付职工薪酬
　　贷：主营业务收入
　　　　应交税费——应交增值税（销项税额）

借：主营业务成本
　　贷：库存商品

借：生产成本
　　制造费用
　　管理费用
　　贷：应付职工薪酬

(2) 将拥有的房屋、租赁的资产等无偿提供给职工使用

借：应付职工薪酬

　　贷：累计折旧

借：生产成本

　　制造费用

　　管理费用

　　贷：应付职工薪酬

3) 辞退福利的账务处理

借：管理费用

　　贷：应付职工薪酬

9.4.2 以现金结算的股份支付的会计处理

1. 股份支付的概念及种类

股份支付是企业为获取职工和其他方提供服务而授予权益工具或者承担以权益工具为基础确定的负债的交易。

按照结算方式的不同,可以分为以权益结算的股份支付和以现金结算的股份支付;按照行权条件的不同,可以分为可立即行权的股份支付和存在等待期的股份支付。

有关概念包括如下几个。

(1) 授予日：指股份支付协议获得董事会、股东大会或类似机构批准的日期。

(2) 等待期：指股份支付协议获得批准日至可行权日之间的期间。

(3) 可行权日：指可行权条件得到满足,职工和其他方具有从企业取得权益工具或现金的权利的日期。

(4) 行权日：指职工和其他方行使权利、获取现金或权益工具的日期。

2. 会计处理

1) 以现金结算的股份支付的确认及计量

对于授予后可立即行权的现金结算的股份支付：在授予日确认,并以当日权益工具的公允价值为基础计算确定其公允价值;对于授予后不可立即行权的现金结算的股份支付：在等待期内的每个资产负债表日确认,并以对可行权情况的最佳估计和该日权益工具的公允价值为基础计算确定其公允价值。

2) 以现金结算的股份支付的账务处理

(1) 授予后可立即行权

① 授予日：

借：管理费用

生产成本

制造费用等

贷：应付职工薪酬

② 行权结算：

借：应付职工薪酬

贷：银行存款

（2）授予后不可立即行权

① 授予日：不需要处理。

② 等待期内每个资产负债表日：

借：管理费用

生产成本

制造费用等

贷：应付职工薪酬

③ 可行权日以后：

借：公允价值变动损益（公允价值变动产生的差异）

贷：应付职工薪酬

（或作反向分录）

④ 行权结算：

借：应付职工薪酬

贷：银行存款

9.5　实训活动

活动要求

- 掌握应付账款、应付票据的账务处理。
- 掌握增值税及消费税等主要税种的会计处理。
- 掌握以现金结算的股份支付的计量和账务处理。

活动内容

【训练 1】　练习应付账款、应付票据的账务处理

2018 年 4 月 1 日，A 公司购入一批原材料，采用银行承兑汇票结算货款，增值税专用发票上注明该批材料价款为 100 000 元，增值税为 16 000 元，银行承兑汇票的承兑期为 6 个月，不计利息。

要求：编制“应付票据”和“应交税费——增值税”的会计分录。

【训练 2】 练习一般纳税人增值税的会计处理

A 公司为增值税一般纳税人，本月购入生产用甲材料，增值税专用发票上列明价款为 500 000 元，增值税为 80 000 元；购入设备大修理工程用乙材料一批，增值税专用发票上列明价款为 400 000 元，增值税为 64 000 元，两批材料已验收入库，分别采用实际成本计价，货款尚未支付。本月该公司销售产品一批，不含税价款为 800 000 元，增值税为 128 000 元，款项已经收取并存入银行。

要求：作相关的会计分录。

【训练 3】 练习以现金结算的股份支付的计量和账务处理

A 公司为一上市公司，2016 年 1 月 1 日，公司董事会审议通过了股份支付协议，对公司 100 名管理人员每人授予 100 份现金增值权，条件是这些人员必须自 2016 年 1 月 1 日起连续在该公司服务两年，从 2018 年 1 月 1 日起根据股价的增值幅度获得现金，增值权在两年内有效。A 公司估计该增值权在负债结算之前的每一资产负债表日以及结算日的公允价值和可行权后的每份增值权现金支付额如表 9-2 所示。

表 9-2 股票增值权的公允价值行权付现一览表 单位：元

年 份	股票增值权公允价值	支付现金
2016	5.50	
2017	6.40	
2018	6.80	6.50
2019		7.00

要求：作相关的会计分录。

活动评价

【训练 1】 练习应付账款、应付票据的账务处理

(1) 开出汇票，获取开户银行的承兑。

借：材料采购(或在途物质、原材料等) 100 000

应交税费——应交增值税 16 000

贷：应付票据 116 000

(2) 票据到期，兑付票据金额时

借：应付票据 116 000

贷：银行存款 116 000

(3) 如果公司在票据到期日无力支付经由银行承兑的票款，应该编制的会计分录如下：

借：应付票据 116 000

贷：短期借款　　116 000

【训练 2】 练习一般纳税人增值税的会计处理

(1) 借：原材料——甲材料　　500 000

应交税费——应交增值税　　80 000

贷：应付账款　　580 000

(2) 借：工程物质——乙材料　　400 000

应交税费——应交增值税(进项税额)　　64 000

贷：应付账款　　464 000

(3) 借：银行存款　　928 000

贷：主营业务收入　　800 000

应交税费——应交增值税(销项税额)　　128 000

【训练 3】 练习以现金结算的股份支付的计量和账务处理

(1) 2016 年 1 月 1 日,A 公司不作会计分录；

(2) 2016 年年末确定当年与股份支付有关的费用和负债的金额为

$$(100-16)\times 100\times 5.50/2=23\,100(\text{元})$$

编制如下会计分录：

借：管理费用　　23 100

贷：应付职工薪酬　　23 100

(3) 2017 年年末确定 2016 年与 2017 年股份支付有关的费用和负债的金额为

$$(100-20)\times 100\times 6.40=51\,200(\text{元})$$

2017 年年末负债和金额为：51 200－23 100＝28 100(元)

借：管理费用　　28 100

贷：应付职工薪酬　　28 100

(4) 2018 年,A 公司有 50 人行使股票增值权,公司共支付现金 32 500 元(50×100×6.50)。会计分录如下：

借：应付职工薪酬　　32 500

贷：银行存款　　32 500

(5) 2018 年年末,A 公司的负债余额调整计算过程如下：

2018 年年末 A 公司股份支付形成的负债应该是：(100－20－50)×100×6.80＝20 400(元)

该项负债账户现在余额如下：51 200－32 500＝18 700(元)

所以该项负债应该调整为：20 400－18 700＝1 700(元)

调增应付职工薪酬余额的会计分录如下：

借：公允价值变动损益　　1 700

贷：应付职工薪酬　　1 700

(6) 2019年年中，A公司剩余的30个人全部行使股票增值权，公司共支付现金21 000元(30×100×7)，会计分录如下：

借：应付职工薪酬　　　21 000

　　贷：银行存款　　　21 000

将对应的职工薪酬账户的调整600元(21 000－20 400)计入当期损益：

借：公允价值变动损益　　　600

　　贷：应付职工薪酬　　　600

本章小结

负债是企业的现时义务。企业的一项现时义务只有在与该义务有关的经济利益很可能流出企业，而且未来流出的经济利益的金额能够可靠地计量，才能确认为负债。偿还时间较短的应付款项，实务中按照实际交易形成的债务金额计量。但长期应付款项应按照未来偿付金额的现值计量，以便提供的会计信息更具相关性。

应付票据和应付账款均为企业购买商品、接受劳务形成的负债，债权人为供应商。商业汇票是否带息和承兑人不同，会影响其后的后续计量和到期付款人无力支付时的账务处理。增值税作为价外税，其会计处理一般和损益无直接关系。一般纳税人因生产经营所需购入货物等支付的增值税不计入购货成本，用于抵扣销售货物等应交的增值税。消费税作为价外税，销售应税消费品承担的消费税应计入损益。委托加工应税消费品时，被征收的消费税应根据其收回后是否用于连续生产应税消费品，确定计入“应交消费税”账户等待抵扣还是计入委托加工成本。

企业应当在资产负债表日根据职工的累积未使用带薪休假预计导致后期支付职工薪酬的追加金额，作为累积带薪缺勤费用进行确认。职工薪酬是指企业为获得职工提供的服务或与之解除劳务关系而给予各种形式的报酬或补偿。职工薪酬应按权责发生制和受益原则进行确认和分配。股份支付应当以相关权益工具的公允价值为基础进行计量。流动负债应在资产负债表中分项列示。

思考题

1. 试比较应付账款与应付票据会计核算内容、会计处理环节方面的联系及区别。
2. 一般纳税人应交增值税主要有哪些核算环节？分别如何进行会计处理？
3. 委托加工应税消费品时，应交消费税如何进行会计处理？
4. 职工薪酬的含义是什么？它包括哪些具体内容？
5. 辞退福利在确认、计量及会计处理上有什么特点？

第 10 章

银行借款与应付债券

学习目标

- 理解银行借款、应付债券的概念及特点。
- 掌握短期借款、长期借款、应付债券的账务处理。
- 掌握借款费用的处理原则与方法。
- 了解可转换公司债券、短期融资券的概念及核算特点。

10.1 银行借款

10.1.1 银行借款概述

1. 银行借款的特点

银行借款是企业筹集资金的主要方式之一。与债券融资相比，银行借款的优点有：获得程序比较方便快捷，具有灵活性，比债券融资成本低。同时银行借款也有一些不利之处，即银行为了控制风险，往往在协议中提出比较严格的贷款条件。这些限制条款增加了借款企业的机会成本。

2. 银行借款的分类

银行借款按照借款的保障程度，可以划分为信用贷款、担保贷款和保证贷款；根据借款期限的长短，可以分为短期借款和长期借款；根据贷款的用途，可以分为流动资金贷款和固定资产贷款；根据利率是否发生变化，分为浮动利率贷款和固定利率贷款。

3. 银行借款的信用条件和利率

银行借款的信用条件包括补偿性余额、授信额度与周转信贷协议。

10.1.2 短期借款

1. 短期借款的概念和特点

短期借款是指企业向银行或其他金融机构等借入的期限在1年以下(含1年)的各种借款。短期借款主要是为了解决企业由于季节性、临时性营运资金的短缺,从而保证企业生产经营的正常进行。

2. 短期借款的会计处理

短期借款的本金通过“短期借款”账户核算。企业借入短期借款:

借:银行存款

　　贷:短期借款

资产负债表日,一般采用实际利率法确认利息费用,会计分录如下:

借:在建工程(或制造费用、财务费用等)

　　贷:银行存款(或应付利息等)

如果实际利率与合同约定的名义利率差异不大,则可以采用合同约定的名义利率计算确定利息费用。

10.1.3 长期借款

1. 长期借款的概念和特点

长期借款是企业向银行或其他金融机构借入的期限在1年以上(不含1年)的借款。与短期借款相比,长期借款期限长,风险较高,因而利率高于短期借款。同时,银行审查程序更为严格,协议中的限制性条款也更多。

2. 长期借款的会计处理

长期借款的账户设置:企业借入长期借款,通过“长期借款”账户核算。在该账户下按照贷款单位和贷款种类,设置“本金”“利息调整”等明细账户。“长期借款”账户期末贷方余额,反映企业尚未偿还的长期借款的摊余成本。企业借入长期借款时,按实际到账的借款额借记“银行存款”账户,按本金贷记“长期借款”的“本金”明细账户。如存在差额,贷记或借记“利息调整”明细账户。

企业会计期末计提利息和利息调整时,在资产负债表日,应按摊余成本和实际利率计算确定长期借款的利息费用。可以资本化的,计入“在建工程”“制造费用”“研发支出”或“开发成本”账户;不能资本化的,计入当期财务费用;按合同利率计算确定的应付未付利息贷记“应付利息”账户；按其差额，贷记“长期借款(利息调整)”账户。

企业长期借款到期偿还时，归还长期借款本金时，借记“长期借款”账户，贷记“银行存款”账户。同时，存在未摊销的溢折价和交易费用的，借记或贷记“在建工程”“制造费用”“开发成本”“研发支出”“财务费用”等账户，贷记或借记“长期借款(利息调整)”账户。

10.2　应付债券

10.2.1　债券概述

1. 债券的性质

债券是指发行企业约定于一定日期支付一定本金及利息给债券持有人的契约。公司债券是指公司依照法定程序发行、约定在一定期限还本付息的有价证券。企业发行债券要依照一定的法定程序进行，如股份公司首先由董事会制定方案，提交股东大会通过，再报经政府有关部门核准。债券的基本要素包括债券的面值、债券的利率、债券的偿还期限和债券的发行价格。

2. 债券的分类

按债券发行有无担保，可以分为无担保债券与有担保债券；按还本方式，可以分为一次还本付息和分期还利息最后一次还本金的债券；按是否记名，可以分为记名债券和不记名债券；债券的其他种类，可以分为可转换债券、可交换债券及附认股权证的债券。

3. 债券的发行价格

$$债券的发行价格=\frac{债券面值}{(1+市场利率)^n}+\sum_{t=1}\frac{各期利息}{(1+市场利率)^t}$$

债券的发行有以下三种方式：①平价发行，即发行价格等于债券面值。②溢价发行，即发行价格大于债券面值。一般而言，其主要原因是票面利率高于市场利率。溢价是发行企业为以后各期多付利息而事先得到的补偿。③折价发行，即发行价格小于债券面值。一般而言，其主要原因是票面利率低于市场利率 。折价是发行企业为以后各期少付利息预先给予投资者的补偿。

10.2.2　一次还本债券

一次还本债券是指本金于到期日一次偿还的债券。其核算账户包括“应付债券——债券面值”“应付债券——利息调整”(溢折价余额及其摊销额)及“应付债券——应计利息”(到期一次还本付息债券按票面利率计算的应计提利息)。对于分期付息的债券,每个计息日应计未付的利息,计入“应付利息”账户,不增加应付债券的账面价值。

1. 债券的发行

企业发行债券,应按实际收到的金额,借记“银行存款”等账户,按债券票面金额,贷记“应付债券(面值)”明细账户;按实际收到的金额与票面金额之间的差额,即由溢折价及交易费用形成的利息调整额,借记或贷记“应付债券(利息调整)”明细账户。相关会计分录如下:

借:银行存款

　　应付债券——利息调整(折价发行时)

　　贷:应付债券——债券面值

　　　　应付债券——利息调整(溢价发行时)

2. 债券利息的计提和调整

债券存续期内,企业应在计息日按债券面值和票面利率计提利息,并同时进行利息调整,即按实际利率法摊销溢折价及发行费等辅助费用。

利息调整额的计算为

应计(付)利息 = 债券面值 × 票面利率

当期利息费用 = 期初债券摊余成本 × 实际利率

其中:实际利率为企业在债券期限内未来应付利息和本金折现为当前债券账面价值的利率,债券摊余成本为债券的账面价值。

溢价摊销额 = 当期应付利息 − 当期利息费用

折价摊销额 = 当期利息费用 − 当期应付利息

会计处理是:资产负债表日,应按摊余成本和实际利率计算确定的长期债券的利息费用,借记“在建工程”“制造费用”“财务费用”“研发支出”等账户;按票面利率计算确定的应付未付利息,贷记“应付利息”或“应付债券(应计利息)”账户;按其差额,借记或贷记“应付债券(利息调整)”账户。

3. 债券的偿还

债券应根据其发行时订立的合同条款偿还本金和利息。

(1) 到期偿还

债券到期时,无论是折价发行还是溢价发行,溢价或折价均已摊销完毕,发行公司按面值偿还。

借:应付债券——面值

　　贷:银行存款

(2) 提前偿还

提前偿还债券时,应注销全部提前偿还债券的账面价值,包括债券的面值、尚未摊销的溢折价及发行费用。如果提前偿还日与债券的付息日不同,还要计提上一付息日到提前偿还日的利息费用并支付给债券持有人。偿还债券所支付金额与账面价值、应付利息之间的差额一般作为借款费用及其调整计入“财务费用”“在建工程”等。

10.2.3　分期还本债券

分期还本债券是指按照债券契约约定的日期分期偿还本金的债券。分期还本债券发行时,若市场利率与票面利率不一致,则会产生溢价或折价。溢折价的摊销应采用实际利率法,其计算方法与一次还本债券类似。

10.3　借款费用

10.3.1　借款费用概述

借款费用是指企业因借入资金所付出的代价。借款费用的内容包括借款利息、折价或者溢价摊销、辅助费用及外币借款汇兑差额。

10.3.2　借款费用的处理原则和方法

1. 借款费用的处理原则

借款费用的处理方法有两种:一是费用化,即发生时直接计入当期损益;二是予以资本化,即计入相关资产的成本。我国企业会计准则规定,企业发生的借款费用,可直接归属于符合资本化条件的资产的购建或者生产的,应当予以资本化,计入相关资产成本。其他借款费用,应当在发生时根据其发生额确认为费用,计入当期损益。

2. 借款费用资本化的条件

1) 借款费用资本化的资产范围

符合资本化条件的资产是指需要经过相当长时间的购建或者生产活动才能达到预定可使用或者可销售状态的资产,这些资产主要包括固定资产、投资性房地产和存货等。

2) 借款费用资本化的借款范围

资本化的借款费用必须能够直接归属于上述符合资本化条件的资产的购建或者生产。专门借款是指为购建或者生产符合资本化条件的资产而专门借入的款项。专门借款应当有明确的专门用途，通常签订有标明该用途的借款合同。一般借款是指除了专门借款以外的其他借款。

3）借款费用资本化的时间范围

只有在资本化期间，符合条件的借款费用才能够予以资本化。资本化期间是指从借款费用开始资本化时点到停止资本化时点的期间，但借款费用暂停资本化的期间不包括在内。

10.3.3 借款费用的会计处理

1. 借款利息的处理

1）专门借款利息费用的资本化金额

为购建或者生产符合资本化条件的资产而借入专门借款的，应当以专门借款当期实际发生的利息费用，减去将尚未动用的借款资金存入银行取得的利息收入或进行暂时性投资取得的投资收益后的金额，计算确定应予资本化的利息金额。

2）一般借款利息费用的资本化金额

在借款费用资本化期间内，为购建或者生产符合资本化条件的资产占用了一般借款的，应当根据累计资产支出超过专门借款部分的资产支出加权平均数乘以资本化率计算确定。其计算公式为

一般借款利息费用的资本化金额＝累计资产支出超过专门借款部分的资产支出加权平均数×一般借款的加权平均利率

累计资产支出超过专门借款部分的资产支出加权平均数

$$=\sum\frac{\text{每笔资产支出超过专门借款部分的资产支出}\times\text{该笔资产支出占用的天数}}{\text{会计期间涵盖的天数}}$$

$$\text{一般借款的加权平均利率}=\frac{\text{所占用一般借款当期实际发生的利息之和}}{\text{所占用一般借款本金加权平均数}}$$

所占用一般借款本金加权平均数

$$=\sum\frac{\text{所占用每笔一般借款本金}\times\text{每笔一般借款在当期所占用天数}}{\text{会计期间涵盖的天数}}$$

2. 折价或溢价摊销额的处理

将债券折价或溢价在存续期内摊销，有直线法和实际利率法两种方法。

3. 辅助费用的处理

辅助费用和溢折价一样，应按照实际利率法计算确定资本化或计入当期损益的金

额，作为对利息费用的调整。在实务中，往往将实际收到的发行收入与借款本金（或面值）的差额确定为利息调整总额，在债券存续期间按实际利率法进行摊销，即对债券溢价（或折价）的摊销与对辅助费用的摊销是一并进行的。

4. 外币借款汇兑差额的处理

在资本化期间内，外币专门借款本金及利息的汇兑差额应当予以资本化，计入符合资本化条件的资产的成本。其他汇兑差额应计入当期损益。

5. 借款费用会计处理应注意的问题

（1）在资本化期间内，每一会计期间的利息资本化金额，不应当超过当期相关借款实际发生的利息金额。

（2）购建或者生产的符合资本化条件的资产的各部分分别完工，且每部分在其他部分继续建造过程中可供使用或者可对外销售，且为使该部分资产达到预定可使用或可销售状态所必要的购建或者生产活动实质上已经完成的，应当停止与该部分资产相关的借款费用的资本化。

（3）购建或者生产的资产的各部分分别完工，但必须等到整体完工后才可使用或者可对外销售的，应当在该资产整体完工时停止借款费用的资本化。

10.4 可转换公司债券

10.4.1 可转换公司债券的概念和特点

1. 可转换公司债券的概念

可转换公司债券是在债券契约中规定，债券持有者可以在特定时期按照约定的转换比率或转股价格将持有的债券转换为发行公司的股票（通常为普通股）的债券。可转换公司债券是一种复合债券，兼有权益性证券和债务性证券的双重性质，其所包含的转股权和债券不可分离。

可转换公司债券的要素包括基准股票、转股价格、转股期、赎回条款及回售条款。

2. 可转换公司债券的特点

可转换公司债券的优点包括：筹资成本较低；在股票市场不景气的情况下，更易被市场接受；可避免股本迅速扩张所造成的股权稀释；可控制转股的节奏和数量，从而改善资产负债比率。可转换公司债券的缺点包括：每股收益稀释的风险；转换失败的风险；回售风险。

10.4.2 可转换公司债券的会计处理

1. 可转换公司债券的发行

可转换公司债券的价值构成＝负债部分价值＋转股权部分的价值

在初始确认时，将相关负债和权益进行分拆：负债部分的初始入账金额

＝以市场利率为折现率的债券未来现金流量的现值权益部分的初始入账金额

＝发行收入－负债部分初始入账金额

借：银行存款

　　贷：应付债券——可转换公司债券（面值）

　　　　资本公积——其他资本公积

　　　　应付债券——利息调整（借或贷）

2. 可转换公司债券的转换

当可转换公司债券持有人将债券转换为股票时，发行公司应将债券的面值连同尚未摊销的溢折价、发行费用一并转销，同时记录股东权益的增加。至于增加的普通股按什么价值入账，主要有账面价值法和市价法两种方法。

我国企业会计准则采用的是账面价值法。当可转换公司债券持有人将债券转换为股票时，会计分录如下：

借：应付债券——可转换公司债券（面值）

　　应付债券——利息调整

　　资本公积——其他资本公积

　　贷：股本

　　　　资本公积——股本溢价

3. 可转换公司债券的偿付

如果持有人在转股期内未转股，则可转换公司债券仍然保持普通债券的特性，发行公司负有到期无条件还本付息的责任。其会计处理与普通债券到期相同。

10.4.3 附认股权证的债券

在我国，附认股权证的债券又称分离交易可转债。它由两部分组成：一是债券，二是认股权证。认股权证和债券同时发行但在公开市场上各自分开交易。认股权证是指在未来规定的期限内，按照规定的协议价买卖股票的选择权证明。

发行时，分离交易可转债的会计处理与可转换债券类似，即初始确认时应将其发行收入分拆为负债和权益。如果债券和认股权证的公允价值可以得到，通常将发行收入按债券和认股权证的公允价值份额分配，分别确认为负债和权益。发行收入与二者公允价值之和的差额作为溢价或折价。

10.5　短期融资券

1. 短期融资券的概念

短期融资券是企业为筹集短期资金而发行的约定在一定期限内还本付息的无担保短期债券。与应付票据不同的是，短期融资券是一种脱离了商品与劳务交易过程的债权债务凭证。

2. 短期融资券的会计处理

短期融资券的会计处理与短期借款类似。核算账户：可在“其他流动负债”账户下设明细账户核算，或增设“应付短期融资券”账户核算。企业发行短期融资券时，按扣除利息和发行费用后实际收到的金额，借记“银行存款”账户，贷记“其他流动负债”账户。短期融资券到期按面值偿还时，做相反的会计分录。

如果短期融资券的发行日和到期日在同一个会计期间，可于到期时一次确认利息费用（包括折价和发行费用）。如果短期融资券的发行日和到期日不在一个会计期间，则在资产负债表日应按实际利率法摊销确认本期的利息费用（包括折价和发行费用）。

10.6　实 训 活 动

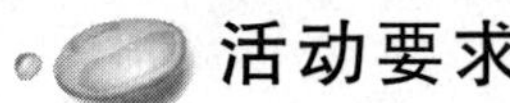

活动要求

- 练习借款费用的会计处理。
- 练习债券的发行、期末处理及收回的会计处理。

活动内容

【训练 1】　练习借款费用的会计处理

A 公司于 2016 年 1 月 1 日动工新建一幢厂房，工期为 1 年，工程采用出包方式，分别于 2016 年 1 月 1 日、4 月 1 日、10 月 1 日支付工程进度款 1 000 万元、2 000 万元、1 000 万元。该厂房于 2016 年 12 月 31 日完工，达到预定可使用状态。

公司为兴建厂房发生了两笔专门借款，分别是：2016 年 1 月 1 日专门借款 2 000 万元，借款期限为 2 年，年利率为 5%，利息按照年支付。2016 年 10 月 1 日专门借款 400 万元，借款期限为 3 年，年利率为 6%，利息按照年支付。闲置的专门资金 50%用于固定收益债券的短期投资，该短期投资预期月收益率为 0.5%；另外 50%存入银行，月利率为 0.1%。

该公司建造该厂房还占用了一般借款。假定所占用的一般借款有两笔，分别为 2016 年 7 月 1 日向某银行借入长期借款 1 000 万元，期限 3 年，年利率为 6%，按年支付利息。按面值发行公司债券 2 000 万元，于 2016 年 1 月 1 日发行，期限为 5 年，年利率为 9%，按年支付利息。

要求：计算借款利息费用资本化金额，并做利息费用的会计处理。

【训练 2】 练习债券的发行，期末利息及偿付的会计处理

假定某公司为筹集生产经营所需要资金于 2014 年 1 月 1 日发行 4 年期一次还本、分期付息的债券 1 000 000 元，票面年利率为 5%，每年 12 月 31 日付息。债券的发行价格是 1 036 295 元，市场利率为 4%。

要求：

(1) 编制债券发行的会计分录。

(2) 编制会计期末及债券到期的会计分录。

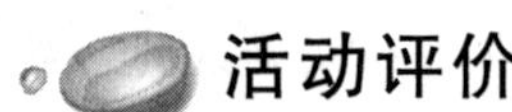

活动评价

【训练 1】 借款费用的会计处理

(1) 债券费用资本化的期间为 2016 年 1 月 1 日到 2016 年 12 月 31 日。

(2) 计算专门借款利息费用资本化金额：

专门借款利息费用资本化金额＝2000×5%＋400×6%×3/12－(500×0.5%×3＋500×0.1%×3)＝97(万元)

2016 年 12 月 31 日的会计分录：

借：在建工程　　　　970 000

　　财务费用　　　　90 000

　　贷：应付利息　　　　1 060 000

一般借款利息资本化金额＝1 000×6%×6/12＋2 000×9%＝210(万元)

累计资产支出超过专门借款部分的资产支出加权平均数

＝(2 000－1 000)×9/12＋(1 000－400)×3/12＝900(万元)

一般借款资本化率＝(1 000×6%×6/12＋2 000×9%)/(1 000×6/12＋2 000)

＝8.4%

一般借款利息费用资本化金额＝900×8.4%＝75.6(万元)

一般借款利息费用计入当期损益的金额＝210－75.6＝134.4(万元)

2016 年 12 月 31 日的会计分录：

借：在建工程　756 000

　　财务费用　1 344 000

　　贷：应付利息　2 100 000

【训练 2】 练习债券的发行、会计期末计息及债券回收的会计处理

编制的债券利息调整摊销表如表 10-1 所示。

表 10-1　债券利息调整摊销表　单位：元

日　期	利息费用	应付利息	利息调整摊销	期末摊余成本
2014 年 1 月 1 日				1 036 295.00
2014 年 12 月 31 日	41 451.80	50 000	8 548.20	1 027 746.80
2015 年 12 月 31 日	41 109.87	50 000	8 890.13	1 018 856.67
2016 年 12 月 31 日	40 754.27	50 000	9 245.73	1 009 610.94
2017 年 12 月 31 日	40 389.06	50 000	9 610.94	1 000 000.00
合计	163 705.00	200 000.00	36 295.00	

(1) 2014 年 1 月 1 日债券发行时

借：银行存款　1 036 295

　　贷：应付债券——面值　1 000 000

　　　　　　　——利息调整　36 295

(2) 2014 年 12 月 31 日计息摊销时

借：财务费用　41 451.80

　　应付债券——利息调整　8 548.20

　　贷：应付利息　50 000

(3) 实际支付 2014 年利息时

借：应付利息　50 000

　　贷：银行存款　50 000

(4) 2015 年 12 月 31 日计息摊销时

借：财务费用　41 109.87

　　应付债券——利息调整　8 890.13

　　贷：应付利息　50 000

(5) 实际支付 2015 年利息时

借：应付利息　50 000

　　贷：银行存款　50 000

(6) 2016 年 12 月 31 日计息摊销时

借：财务费用　40 754.27

应付债券——利息调整 9 245.73

贷：应付利息 50 000

(7) 实际支付 2016 年利息时

借：应付利息 50 000

贷：银行存款 50 000

(8) 2017 年 12 月 31 日计息摊销时

借：财务费用 40 389.06

应付债券——利息调整 9 610.94

贷：应付利息 50 000

(9) 到期还本付息时

借：应付债券——面值 1 000 000

应付利息 50 000

贷：银行存款 1 050 000

本章小结

借款费用包括实际利率法计算确定的利息费用(包括折价或者溢价的摊销和相关的辅助费用)和因外币借款所发生的汇兑差额等。企业发生的借款费用,可直接归属于符合资本化条件的资产的构建或者生产的,应当予以资本化,计入相关资本成本；其他借款费用,应当在发生时根据其发生额确认为费用,计入当期损益。

银行借款包括短期借款和长期借款。在资产负债表日,应按摊余成本和实际利率计算确定利息费用。由于债券的票面利率和市场利率的不同,导致债券按溢价或折价发行,资产负债表日,应按摊余成本和实际利率计算确定利息费用。

可转换公司债券是兼具负债和权益特征的混合性金融工具,在初始确认时应分别确定负债部分和权益部分的初始入账金额,在转化为股票之前,属于应付债券的部分,应比照应付债券的方法处理。当持有人将债券转换为股票时,应将债券的面值连同未摊销的溢折价、发行费用一并转销,同时记录股东权益的增加。

短期融资券一般按照贴现计算利息,利息在发行时直接扣除。在资产负债表日,应按实际利率计算确定利息费用,予以资本化或计入当期财务费用。如果实际利率与合同约定的名义利率差异不大,也可以采用名义利率计算确定借款利息费用。在资产负债表日,“短期借款”“长期借款”“应付债券”等项目,反映企业期末尚未偿还的短期借款、长期借款和应付债券,以相关负债的期末摊余价值列示。

思考题

1. 借款费用有哪两种处理方法？这两种方法对企业财务状况的影响有何不同？

2. 短期借款和长期借款的会计处理方法有哪些不同？

3. 可转换公司债券有何特点？简单阐述其核算要点。

4. 什么是溢价折价摊销的实际利率法？与直线法相比，哪种方法更能准确地反映企业承担的实际利息？为什么？

第 11 章

或有事项

学习目标

- 了解或有事项的特征。
- 掌握预计负债的确认条件。
- 掌握预计负债的初始计量及后续计量。
- 掌握或有事项的披露原则。

11.1 或有事项概述

11.1.1 或有事项的特征

或有事项是指过去的交易或者事项形成的，其结果须由某些未来事项的发生或者不发生才能决定的不确定事项。或有事项具有以下特征：

(1) 由过去交易或事项形成——已经是一种客观存在。

(2) 具有不确定性——结果是否发生；发生时间或金额不确定。

(3) 结果须由未来事项决定——或有事项发生时难以确定。

11.1.2 或有事项的分类及内容

1. 或有事项的分类

或有事项包括或有资产和涉及义务的或有事项，涉及义务的或有事项包括或有负债和预计负债。

2. 或有事项的内容

或有事项包括以下主要内容：商业承兑汇票背书转让或贴现、未决诉讼/仲裁、债务担保、产品质量保证、亏损合同、重组义务、环境污染整治、其他承诺等。

3. 或有事项的处理原则

预计负债的或有事项，同时符合三条件（详见下文）的有关义务，需要企业确认并披露；或有负债，且不同时符合三条件的有关义务，企业不确认但一般应当披露；对于或有资产，企业不确认且一般也无须披露。

11.2　预计负债的确认与计量

11.2.1　预计负债的确认

与或有事项有关的义务同时满足下列三个条件：

(1) 产生的义务是企业的现时义务；

(2) 履行该义务很可能导致经济利益流出；

(3) 该义务的金额能够可靠地计量。

可能性的判断标准如下。

(1) 基本确定：大于 95%但小于 100%；

(2) 很可能：大于 50%但小于或等于 95%；

(3) 可能：大于 5%但小于或等于 50%；

(4) 极小可能：大于 0 但小于或等于 5%。

11.2.2　预计负债的计量

1. 初始计量

1) 初始计量的原则

现时义务所需支出最佳估计数。

2) 初始计量的具体方法

如果预计负债是连续范围，则其最佳估计数是中间值，计算公式是$(A+B)/2$；如果预计负债是单个项目，则其最佳估计数就是最可能发生金额；如果预计负债是多个项目，则其最佳估计数等于可能结果乘以概率。

3) 从第三方获得的预计补偿的处理原则

从第三方获得的预计补偿可以确认并计量的条件如下。确认时间：基本确定收到时；确认金额：不能超过相关负债的金额；确认方式：确认为资产而不能冲抵预计负债的计负债。

2. 后续计量

(1) 负债清偿或义务解除时,应按实际清偿的价款支付,同时转销其账面价值,两者如有差额,计入当期损益。

(2) 资产负债日的复核及调整:资产负债表日进行检查,若有确凿证据表明账面价值不能真实反映当前最佳估计数的,则应作相应调整。

11.2.3 预计负债的账务处理

预计负债的账务处理如下:

借:销售费用(预计产品保修费)

  管理费用(预计应承担的诉讼费)

  营业外支出(预计担保损失、赔偿支出、亏损合同等)

  贷:预计负债——××××

若或有事项属于待执行亏损合同,则相关义务满足确认条件应确认预计负债。合同存在标的资产的,应先对标的资产进行减值测试,如存在减值,则应先确认减值损失。以担保涉及的诉讼为例:初始确认,法院尚未判决但符合确认条件;实际金额与确认金额的差额计入当期损益/滥用会计估计,进行追溯调整;若为资产负债表日后事项,则需判断是否是调整事项。

11.3 或有事项的披露

1. 预计负债的披露

预计负债的披露内容包括种类、形成原因、经济利益流出不确定性的说明,期初、期末余额及本期增减变动情况;与预计负债有关的预期补偿金额、本期已确认的预期补偿金额。

2. 或有负债的披露

(1) 或有负债的披露是指潜在义务或不符合负债确认条件的现时义务。

(2) 或有负债披露内容包括种类、形成原因、经济利益流出不确定性的说明;预计产生的财务影响,获得补偿的可能性(无法预计的,应说明原因)。

(3) 或有事项披露的例外:在涉及未决诉讼、未决仲裁的情况下,披露全部或部分信息预期对企业造成重大不利影响的,企业无须披露这些信息,但应当披露该未决诉讼、未决仲裁的性质,以及没有披露这些信息的事实和原因。

3. 或有资产的披露

或有资产的披露是指对潜在资产的披露，披露原则是：通常不应当披露或有资产。例外：很可能流入时才披露其形成原因、预计产生的财务影响等。

11.4 实训活动

活动要求

- 估计预计负债最佳估计数。
- 练习预计负债的会计处理。

活动内容

【训练 1】 练习估计预计负债最佳估计数

(1) 甲公司因合同违约而涉及一桩诉讼案，根据企业法律顾问的判断，最终的判决很可能对甲公司不利，另外，根据专业人士估计，赔偿金额可能在 120 万～200 万元。

(2) 甲公司的销售额为 2 000 万元。甲公司的商品质量保证条款规定：在商品销售 1 年内发生质量问题，甲公司负责免费修理。根据以往的经验，若出现较小的问题，则发生的修理费用为销售额的 1%；若出现较大的质量问题，则发生的修理费为销售额的 3%。根据预测，本年度已经销售的产品中，有 85%不会出现质量问题，有 10%将出现较小的质量问题，有 5%将出现较大的质量问题。

要求：估计预计负债的最佳估计数。

【训练 2】 练习预计负债的会计处理

甲公司于本年 10 月 5 日被乙企业起诉，乙企业称甲公司侵犯了其软件版权，要求甲公司进行赔偿，赔偿金额为 60 万元。在应诉过程中，甲公司发现，诉讼所涉及的软件主体部分是有偿委托丙企业开发的，如果这套软件确有侵权问题，则丙企业应承担连带责任，对甲公司进行赔偿。甲公司在本年 12 月 31 日编制会计报表时，根据法律诉讼的进展情况和律师的建议，认为对乙企业予以赔偿的可能性在 80%。最有可能发生的赔偿金额为 40 万元(不包括诉讼费)，从丙公司得到补偿基本可以确认，最有可能获得的赔偿金额为 30 万元，假定诉讼费为 2 万元。

要求：编制相关的会计分录。

活动评价

【训练 1】 估计预计负债最佳估计数

(1) 最佳估计数是(200+120)/2=160(万元)

(2) 2 000×1%×10%+2 000×3%×5%=5(万元)

【训练 2】 预计负债的会计处理

(1) 确认预计负债：

借：管理费用——诉讼费　　20 000
　　营业外支出——赔偿支出　　400 000
　　贷：预计负债——未决诉讼　　420 000

(2) 将预期基本可以确定收到的补偿确认为资产：

借：其他应收款——丙企业　　300 000
　　贷：营业外支出——赔偿支出　　300 000

本章小结

或有事项是指过去的交易或事项形成的，其结果须由某些未来的事项的发生或不发生才能决定的不确定事项，主要包括未决诉讼或未决仲裁、债务担保、产品质量保证、亏损合同、重组义务、承诺、环境污染整治等。或有事项的特征表现为由过去交易或事项形成的；其结果具有不确定性，由未来的事项决定；影响结果的不确定性。或有事项的结果可能产生或有负债、或有资产、预计负债。若或有负债、或有资产都不符合负债和资产的定义和确认条件，不应确认为企业的负债和资产。

源于或有事项的预计负债是指同时符合下列三个条件的或有事项：该义务是企业承担的现有义务；履行该义务很可能导致经济利益流出企业；该义务的金额能够可靠地计量。若预计负债符合负债的定义和确认的条件，则应确认为企业的负债。预计负债的初始计量，应按履行相关现时义务所支出的最佳估计数计算；当预期从第三方获得的补偿"基本确定"能收到时，应将其补偿金额单独确认为一项资产。预计负债的后续计量主要是指资产负债表日对预计负债的复核。如果有确凿的证据表明其账面价值不能真实地反映当前的最佳估计数，则企业应当确定最佳估计数且对预计负债的账面价值进行调整。

思考题

1. 什么是或有事项？其有何特征？或有事项主要包括哪些内容？

2. 何谓或有负债？如何理解或有负债是一种特殊的现时义务？

3. 或有负债与预计负债有何区别？

4. 确认预计负债应当同时符合哪些条件？如何在报表中对预计负债进行披露？

5. 预计负债应当按照“最佳估计数”进行初始计量，试举例说明其“最佳估计数”应当如何确认。

第 12 章

所有者权益

学习目标

- 了解所有者权益的构成及其作用。
- 了解投入资本变动的会计处理。
- 掌握其他资本公积变动的会计处理。
- 掌握盈余公积提取和使用的会计处理。
- 掌握用利润弥补亏损的核算特点。

12.1 投入资本

12.1.1 所有者权益概述

所有者权益是指企业的资产扣除负债后由所有者享有的剩余权益。它是对企业所拥有或控制资源的主权(即所有权)。所有者权益的金额取决于资产和负债的计量。其等于资产减去负债后的余额。

1. 所有者权益的特征

所有者权益的特征如下：除非减资或清算，否则不需要偿还所有者投入资本；所有者的财产清偿顺序位于债权人之后；所有者凭借投入资本能够参与利润的分配。

2. 所有者权益的构成

所有者权益按形成原因可分为实收资本、资本公积及留存收益。留存收益按用途有无限制，又可分为盈余公积和未分配利润。

12.1.2 投入资本的会计处理

我国实行注册资本制度，核算投入资本必须取得合法依据。

1. 投入资本的一般账务处理

设置“实收资本(或股本)”账户,以反映投资者投入企业的资本金。企业接受实物资产及无形资产投资,应按投资合同或协议约定的价值,借记有关资产账户,贷记“实收资本”等账户。

2. 股份有限公司投入资本的账务处理

“股本”账户的设置:“股本”账户核算投资者按公司章程投入的资本或公司按核定股份总额发行股票的面值。股票发行的会计处理,股票发行溢价扣除发行费用后的余额贷记“资本公积——股本溢价”账户;股票发行溢价不足以负担发行费用的部分,或者按面值发行的发行费用,依次借记“资本公积——股本溢价”“盈余公积”“利润分配”。

股份有限公司扩张股本的形式一般有:增发新股;发放股票股利;以盈余公积、资本公积转增资本。办理增资手续后的会计处理如下:

借:银行存款
　　利润分配
　　盈余公积
　　资本公积
　　贷:股本(或实收资本)

3. 定向增发实施同一控制下企业合并的账务处理

(1) 同一控制下吸收合并和新设合并的会计处理

借:有关资产(按被合并方账面价值)
　　贷:有关负债(按被合并方账面价值)
　　　　股本(按发行股票的面值)
　　　　资本公积——股本溢价

若借差,则依次调整“资本公积——股本溢价”及留存收益。

(2) 同一控制下控股合并

借:长期股权投资(被合并方净资产账面价值×持股比例)
　　贷:股本(按发行股票的面值)
　　　　资本公积——股本溢价

若借差,则依次调整“资本公积——股本溢价”及留存收益。

12.2 投入资本的变动

12.2.1 认股权证的会计处理

1. 有偿发行认股权证的会计处理

(1) 企业认股权证发行时的会计处理

借：银行存款

　　贷：交易性金融负债(按发行协议签定日发行价格)

(2) 权证持有人行权时的会计处理

借：银行存款(按行权价格)

　　交易性金融负债(按账面价值)

　　贷：股本(按股票面值与股票数量的乘积)

　　　　资本公积——股本溢价(按差额)

逾期未行权的交易性金融负债余额转为资本公积。

2. 无偿赠送认股权证的会计处理

企业无偿赠送时：无须编制会计分录，但应当作备查记录。

权证持有人行权时的会计处理：

借：银行存款(按行权价格)

　　贷：股本(按股票面值与股票数量的乘积)

　　　　资本公积——股本溢价(按差额)

若认股权证逾期未行权，则应在备查记录中注销。

12.2.2 以权益结算的股权结算的会计处理

1. 授予日的会计处理

除了立即可行权的股份支付外，不做会计处理。

2. 在等待期内的每个资产负债表日

按授予日股票期权公允价值、最新估计可行权数量：

借：生产成本、制造费用、管理费用等

　　贷：资本公积——其他资本公积

3. 可行权日之后，不确认其后续的公允价值变动

借：银行存款
　　资本公积——其他
　　贷：股本
　　　　资本公积——股本溢价

4. 权益结算的股份支付与现金结算的股份支付会计处理比较

1）在授予日

即股份支付协议获得批准的日期。"获得批准"是指企业与职工双方就股份支付交易的协议条款和条件已达成一致，该协议获得股东大会或类似机构批准。除了立即可行权的股份支付外，无论权益结算的股份支付还是现金结算的股份支付，企业在授予日均不做会计处理。

2）在等待期

即从授予日至可行权日之间的期间，处理原则是，在等待期内的每个资产负债表日，将获得的职工或者其他方提供的服务计入资产成本或费用，同时确认所有者权益或负债。股份支付的价值确定的区别：权益结算股份支付，应按授予日权益工具的公允价值计量，确认成本费用和相应的资本公积；现金结算股份支付，应按资产负债表日当日权益工具的公允价值计量，确认成本费用和相应的应付职工薪酬。

3）可行权日及之后的会计处理

权益结算的股份支付：不再对已确认的成本费用和所有者权益总额进行调整，即不确认其后续公允价值变动；全部或部分权益工具未被行权而失效或作废的，应当在当行权有效期截止日在所有者权益内部结转，不冲减成本费用。

现金结算的股份支付：可行权日之后、负债结算日之前的公允价值变动计入当期损益（公允价值变动损益）。

12.2.3　库存股的会计处理

1. 库存股的形成及计量

企业回购自身权益工具支付的对价和交易费用，应当减少所有者权益。公司回购的股份在注销或者转让、用于股权激励之前，作为库存股管理，回购股份的全部支出转作库存股成本。公司回购其普通股形成的库存股不得参与公司利润分配。

2. "库存股"账户

"库存股"账户期末借方余额，反映企业持有尚未转让或注销的本公司股份金额，将

其作为在资产负债表中所有者权益的备抵项目列示。

3. 库存股的账务处理方法

(1) 收购本公司股份

借：库存股(按实际支付的金额)

　　贷：银行存款等

(2) 以收购的库存股奖励员工(股份支付)

借：银行存款

　　资本公积——其他(在等待期内已确认)

　　贷：库存股(按注销库存股的账面余额)

　　　　资本公积——股本溢价(按差额)

4. 库存股对所有者权益的抵减

库存股在资产负债表中的列示：

实收资本(或股本)

资本公积

减：库存股

盈余公积

未分配利润

所有者权益(或股东权益)合计

12.2.4 减资的会计处理

注销库存股时：

借：股本(按面值和注销股数计算的面值总额)

　　资本公积——股本溢价(按借方差额冲减)

　　盈余公积(股本溢价不足依次冲减)

　　利润分配——未分配利润(溢价不足依次冲减)

　　贷：库存股(按注销库存股的账面余额)

　　　　资本公积——股本溢价(按贷方差额计入)

12.2.5 其他资本公积的变动

股本溢价可按法定程序转增资本。用资本公积转增资本，不影响所有者权益总额，只改变所有者权益结构。其他资本公积中相当一部分内容是暂时性计入所有者权益的利得或损失，待将来相关资产处置时，这部分资本公积应转入处置当期的损益。

12.3　留存收益

12.3.1　留存收益概述

留存收益包括盈余公积和未分配利润，其中未分配利润包括法定盈余公积和任意盈余公积。

1. 盈余公积

盈余公积是企业按一定比例从净利润提取的、已限制用途的留存收益。法定盈余公积按净利润的 10%提取，用于弥补亏损、转增资本。任意盈余公积按股东会决定的比例提取，主要用于弥补亏损、转增资本。

2. 未分配利润

未分配利润是尚未进行分配的净利润。

12.3.2　留存收益的核算

1. 盈余公积的账务处理

(1) 提取盈余公积的会计处理

借：利润分配——提取法定盈余公积
　　利润分配——提取任意盈余公积
　　贷：盈余公积——法定盈余公积
　　　　盈余公积——任意盈余公积

(2) 用盈余公积弥补亏损的会计处理

借：盈余公积——法定盈余公积
　　盈余公积——任意盈余公积
　　贷：利润分配——盈余公积补亏

(3) 用盈余公积转增资本的会计处理

借：盈余公积——法定盈余公积
　　盈余公积——任意盈余公积
　　贷：实收资本(或股本)

2. 未分配利润的有关账务处理

"利润分配——未分配利润"明细账户的余额,年终结账时,将"本年利润"账户余额结转至"利润分配——未分配利润"明细账户,将"利润分配"其他各明细账户的期末余额也结转至"利润分配 ——未分配利润"明细账户。"利润分配——未分配利润"明细账户的年末贷方余额,表示累计未分配利润;年末借方余额,则反映累计未弥补亏损。

用利润弥补亏损无须专门作会计处理。以前年度利润的调整因更正以前年度会计差错等原因调整以前年度的净利润,应通过"以前年度损益调整"账户核算。

3. 股利(或利润)的分派和支付

股利分配政策应考虑的因素包括留存收益余额、现金充沛程度、业绩增长幅度和公司长远发展等。股利(或利润)的支付方式有两种:一种是分派现金股利,另一种是发放股票股利。

(1) 分派现金股利,宣告时企业的会计处理

借:利润分配——应付现金股利

　　贷:应付股利

(2) 发放股票股利,企业办理增资手续时的会计处理

借:利润分配——转作股本的股利

　　贷:股本(或实收资本)

12.4 实训活动

活动要求

- 练习发行股票的会计处理。
- 练习盈余公积的会计处理。

活动内容

【训练 1】 练习发行股票的会计处理

A 股份有限公司本年 4 月 16 日首次公开发行的股票 5 000 万股,每股面值 1 元,每股发行价格为 9.4 元。本次股票发行由中海证券公司保存并承销,按其发行收入的 3% 收取承销费。

4 月 20 日,收到中海证券公司缴存的股票发行款 45 590 万元,已经扣除承销费用。

4 月 22 日，以银行存款支付中瑞会计师事务所支付的本次发行股票的验资费用 40 万元。

要求：根据以上经济业务编制相关的会计分录。

【训练 2】 练习盈余公积的会计处理

A 企业期初资产负债表中"实收资本""盈余公积""未分配利润""所有者权益合计"项目的金额为 50 000 000 元、3 000 000 元、－200 000 元、52 800 000 元。本期发生以下经济业务：

(1) 用法定盈余公积弥补以前年度亏损 200 000 元；

(2) 按照规定按本年实现的净利润 20 000 0000 元的 10%计提法定盈余公积，经公司股东大会决议再按照净利润的 5%提取任意盈余公积；

(3) 用任意盈余公积 800 000 元转增资本。

要求：根据上述资料编制相关的会计分录。

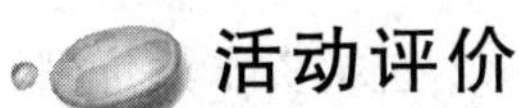

活动评价

【训练 1】 发行股票的会计处理

(1) 4 月 20 日收到股票发行款

借：银行存款　　455 900 000

　　贷：股本　　50 000 000

　　　　资本公积——股本溢价　　405 900 000

(2) 4 月 22 日支付发行股票的验资费用

借：管理费用　　400 000

　　贷：银行存款　　400 000

【训练 2】 练习盈余公积的会计处理

(1) 弥补以前年度亏损

借：盈余公积——法定盈余公积　　200 000

　　贷：利润分配——盈余公积补亏　　200 000

(2) 提取盈余公积

借：利润分配——提取法定盈余公积　　2 000 000

　　　　　　——提取任意盈余公积　　1 000 000

　　贷：盈余公积——法定盈余公积　　2 000 000

　　　　　　　　——任意盈余公积　　1 000 000

(3) 盈余公积转增资本

借：盈余公积　　800 000

　　贷：股本　　800 000

本章小结

所有者权益是指企业的资产扣除负债后由所有者享有的剩余权益。所有者权益取决于资产与负债的计量。所有者权益与负债在性质、偿还的期限和享受的权利等方面存在明显的区别。所有者权益包括投资者投入的资本、直接计入所有者权益的利得和损失、留存收益等。投入资本按法定要求可分为实收资本(股本)和资本溢价(股本溢价)两部分。留存收益包括盈余公积和未分配利润两部分。

企业组织形式不同,所有者投入资本的会计处理方法也有所不同。股份有限公司的股本为股票面值与股份总数的乘积,会计上需要对股票按面值发行或溢价发行以及回购进行会计处理。企业的投入资本会由于股本权证的发行和行权,权益工具结算的股份支付,可转换公司债券的分拆与转股、同一控制企业合并、股票回购、权益性交易、追加投资或减资等原因而发生变化。

资本公积是归企业投资者共享,由非收益转换形成的资本准备金,包括资本溢价(股本溢价)和其他资本公积。其他综合收益是企业非日常活动形成的,未在当期损益中确认的各种利得和损失。它不属于净利润的组成部分,与净利润并列,共同构成企业当期的综合收益。盈余公积的形成是为了增强企业自身的发展和承受风险的能力,而对投资者分配利润或分派股利的一种限制。企业依据相关法律或股东决议,按照净利润的一定比例提取法定盈余公积或任意盈余公积。盈余公积的用途是弥补亏损和增加资本。

未分配利润是企业留待以后年度进行分配的结存利润。从数量上来讲,未分配利润是期初未分配利润,加上本期实现的净利润,减去提取的各种盈余公积和分出利润后的余额。

思考题

1. 所有者权益与负债有何区别?
2. 所有者权益的来源包括哪些?划分投入资本与留存收益的主要目的何在?
3. 什么是资本公积?其他资本公积包括哪些主要内容?
4. 什么是其他综合收益?其他综合收益有哪些特征?
5. 什么是留存收益?留存收益包括哪些内容?

第 13 章

收入和费用

学习目标

- 理解收入的含义及特点。
- 掌握销售商品收入的确认、计量和会计处理。
- 掌握提供劳务收入的确认、计量和会计处理。
- 了解让渡资产使用权收入确认、计量的原则。
- 了解建造合同的含义及合同收入、合同成本确认、计量的原则。
- 掌握期间费用的内容及会计处理。

13.1 收入概述

1. 收入的概念及特点

收入是指企业在日常活动中形成的、会导致所有者权益增加的,与所有者投入资本无关的经济利益的总流入,不包括为第三方或客户代收的款项。日常活动是指企业为完成其经营目标所从事的经常性活动以及与之相关的活动。

收入具有以下特点:收入产生于持续的日常活动,其具有经常性;可合理预期收入的实质是净资产的增加,其表现为资产的增加或负债的减少;收入是经济利益的总流入,其计量不需要扣除相应的成本或费用。

收入与利得的比较,它们都代表企业经济利益的增加,会导致企业所有者权益的增加。收入源于日常活动,具有持续性,影响当期利润;利得源于非日常活动,具有偶发性,不一定影响当期利润。

2. 收入的分类

按照收入的性质和内容区分,可以分为销售商品的收入、提供劳务的收入及让渡资产使用权的收入;按照企业经营业务的主次,可以划分为主营业务收入、其他业务收入和营业外收入。

3. 收入的确认方法

收入的确认主要在于确定收入归属的会计期间，应遵循收入实现原则。实务中确认与计量收入的方法有 3 种：销售法，即收入在销售成立时确认；收款法，即收入在收到货款时确认；生产法，即收入按生产的完工比例确认。

13.2 销售商品收入

13.2.1 销售商品收入的确认

销售商品收入应同时具备以下五个条件。

（1）企业已将商品所有权上的主要风险和报酬转移给购货方。应关注交易的实质而不是其形式。通常，商品所有权上的风险和报酬随所有权凭证或实物的交付而转移。所得税会计核算方法有应付税款法、递延法、收益表债务法和资产负债表债务法。我国企业会计准则规定，企业应采用资产负债表债务法进行所得税核算。小企业如果执行小企业会计准则，则可以采用应付税款法进行所得税核算。某些情况下，商品所有权凭证或实物已交付，但所有权上的主要风险和报酬未随之转移。某些情况下，实物尚未交付，而商品所有权上的主要风险和报酬已转移。

（2）企业既没有保留与所有权相联系的继续管理权，也没有对已售出的商品实施控制。

（3）收入的金额能够可靠地计量是确认收入的基本前提。

（4）相关的经济利益很可够流入企业，价款收回的可能性大于不能收回的可能性。

（5）相关的已发生或将发生的成本能够可靠地计量，收入与相关成本应同期确认、配比。

13.2.2 销售商品收入的确认

一般应按照已收或应收的合同或协议价款确定收入金额。若应收金额的名义价值与其公允价值存在差异（较大），则应按公允价值计量收入。确认收入应考虑已发生的商业折扣，而不能预计可能发生的现金折扣和销售折让。

13.2.3 销售商品收入的会计处理

1. 一般商品销售业务

（1）满足收入确认条件，确认销售商品收入的会计处理：

借：银行存款等

贷：主营业务收入

应交税费——应交增值税(销项税额)

(2) 结转已销商品的实际成本的会计处理：

借：主营业务成本

贷：库存商品

(3) 计算销售商品应交的税金及附加的会计处理：

借：税金及附加

贷：应交税费

(4) 对于尚不符合收入确认条件的发出商品,已收取的货款作预收账款处理,已发出商品的成本记入"发出商品"账户。

2. 以递延方式分期收款销售商品

以递延方式分期收款销售商品具有融资性质,按应收价款的公允价值计量收入；应收价款与其公允价值的差额确认为未实现融资收益。应收价款的公允价值通常按其未来现金流量现值或商品现销价格确定。未实现融资收益在期限内按应收款项的摊余成本和实际利率计算确定的金额进行摊销,并确认融资收益。确认销售商品收入时的会计处理如下：

借：长期应收款(应收价款和增值税款)

贷：主营业务收入(应收价款的公允价值)

应交税费——应交增值税(销项税额)

未实现融资收益(应收价款与其公允价值的差额)

按期收取款项及确认融资收益时的会计处理如下：

借：银行存款

贷：长期应收款

借：未实现融资费用

贷：财务费用(应收款项期初摊余成本×实际利率)

3. 商品折扣、现金折扣、销售折让的会计处理

发生商业折扣时,按扣除商业折扣后的发票金额入账；发生现金折扣时,赊销时收入及应收款按未扣除现金折扣的金额入账,折扣期内收到款项时,发生的现金折扣计入"财务费用"。销售折让时,折让发生在收入确认之前视为商业折扣(不需专门作账务处理),折让发生在确认收入之后,冲减当期销售收入,同时冲减当期销项税额(开具红字专用发票)。

4. 商品销售退回的会计处理

未确认收入的已发出商品退回,商品从"发出商品"账户转到"库存商品"账户。已

确认收入的销售退回，不论是当年或以前年度销售的，一般均应冲减退回当月的有关记录，同时冲减销售收入、销项税额、财务费用(已发生的现金折扣)，以及销售成本。

作为资产负债表日后调整事项处理的销售退回，该商品在报告年度资产负债表日或之前售出；该商品在报告年度资产负债表日至财务报告批准报出日之间发生退回，通过"以前年度损益调整"账户核算，并调整报告年度财务报表相关项目的金额。

5. 代销商品的会计处理

代销商品有两种方式：一种是视同买断行为，一种为收取手续费的行为。

1）视同买断方式的会计处理

委托方按协议规定的价格收取代销款，商品发出满足条件时确认收入；受托方自定售价，按实际售价确认收入，实际售价与协议价的差额归其所有。

2）收取手续费方式的会计处理

委托方商品发出时，商品所有权上的主要风险与报酬并未转移，收到受托方交付的代销清单时确认收入；受托方收取的手续费计入销售费用。受托方按委托方规定的价格销售商品，按应收取的手续费确认劳务收入，不确认销售商品收入与成本。

6. 售后回购

售后回购是指销售商品时，销售方与购买方签订协议约定日后再将该商品购回的销售方式。一般不满足收入确认条件(仍具有控制权)，属于融资交易。企业发出商品时，按成本转账，按售价计算增值税销项税额；售价与成本的差额确认为负债。会计分录如下：

借：银行存款等
　　贷：库存商品
　　　　应交税费——应交增值税(销项税额)
　　　　其他应付款

企业回购期间按期计提利息费用的会计分录，按回购价格大于原售价的差额计算。

借：财务费用
　　贷：其他应付款

企业购回商品时，按商品原成本作为购回商品的成本；按回购价格计算增值税进项税额；转销销售日至回购日确认的负债。

借：库存商品
　　应交税费——应交增值税(进项税额)
　　其他应付款
　　贷：银行存款

7. 附有销售退回条件的商品销售

附有销售退回条件的商品销售是指购买方根据有关协议有权退货的销售方式。能够对退货的可能性作出合理估计的，通常应在发出商品时确认收入，并确认相关负债；若不能合理地确定退货的可能性，则在售出商品的退货期满时确认收入。

13.3 提供劳务收入

13.3.1 提供劳务收入的确认和计量

在同一会计期间开始并完成的劳务，应在劳务完成时确认收入（完成合同法），收入的金额按合同或协议的总金额确定。开始和完成分属不同会计期间的劳务收入的确认与计量应区分两种情况：在资产负债表日劳务交易结果可以可靠计量的和在资产负债表日劳务交易结果不能可靠计量的。

1. 在资产负债表日劳务交易的结果能够可靠估计

在资产负债表日劳务交易的结果能够可靠估计即指满足以下条件：总收入能够可靠计量，一般依据合同或协议注明的价款；总成本能够可靠计量，总成本＝已发生的成本＋预计还将发生的成本；完工程度能够可靠确定，根据提供劳务的特点，选择不同的方法确定；相关的经济利益能够流入企业。

若满足上述条件，则采用"完工百分比法"确认收入，其计算公式如下：

本期确认的劳务收入＝劳务总收入×本期末止劳务的完工程度－以前期间已确认的劳务收入

本期确认的劳务成本＝劳务总成本×本期末止劳务的完工程度－以前期间已确认的劳务成本

确定完工程度可选用的方法有：专业测量；已提供劳务占应提供劳务总量的比例；已发生的劳务成本占估计总成本的比例。

2. 在资产负债表日劳务交易的结果不能可靠估计

按已发生成本中预计能够得到补偿的金额确认收入（成本回收法），已发生的成本预计能得到补偿，收入＝已发生的成本；已发生的成本预计只能部分得到补偿，收入＜已发生的成本；已发生的成本预计全部不能得到补偿，确认的收入＝0。

13.3.2 提供劳务收入的会计处理

发生的劳务成本记入“劳务成本”账户；确认的劳务收入记入“主营业务收入”“其他业务收入”账户，结转的劳务成本记入“主营业务成本”“其他业务成本”等账户。

13.4 让渡资产使用权收入

让渡资产使用权收入包括：企业让渡现金使用权取得的利息收入和企业让渡无形资产等使用权形成的使用费收入。让渡资产使用权收入的确认应同时满足下列条件：与交易相关的经济利益能够流入企业；收入的金额能够可靠地计量。

让渡资产使用权收入的计量：利息收入按照他人使用本企业货币资金的时间和实际利率计算确定。使用费收入按照有关合同或协议约定的收费时间和方法计算确定。

13.5 建造合同收入

13.5.1 建造合同的概念

建造合同是指为建造一项或数项在设计、技术、功能、最终用途等方面密切相关的资产而订立的合同。建造的资产包括房屋、道路、桥梁、水坝、船舶、大型机械设备等。建设期长、造价高、合同一般不可撤销建造合同分为固定造价合同和成本加成合同。

13.5.2 合同收入与合同成本

合同收入包括初始合同收入与追加合同收入。合同成本包括直接费用和间接费用。

1. 合同收入和合同成本的确认与计量

合同收入与合同成本的确认原则包括两个：第一，在资产负债表日建造合同的结果能可靠估计，采用完工百分比法确认合同收入和合同成本。第二，在资产负债表日建造合同的结果不能可靠估计，合同成本能够收回的，合同收入根据能够收回的实际合同成本加以确认，合同成本在其发生的当期确认为合同费用；合同成本不能够收回的，在发生时立即确认为合同费用，不确认合同收入。

企业对合同履约成本可以单独设置“合同履约成本”账户进行核算，并采用与该资产相关的收入确认相同的基础进行结转，计入当期损益（营业成本）。“合同履约成本”账户期末如有余额，则计入资产负债表中“存货”项目。

2. 完工百分比法的运用

本期确认的劳务收入＝劳务总收入×本期末止劳务的完工程度－以前期间已确认的劳务收入

本期确认的劳务成本＝劳务总成本×本期末止劳务的完工程度－以前期间已确认的劳务成本

当期确认的合同毛利＝当期确认的收入－当期确认的费用

3. 合同资产与合同负债

合同资产是指企业已向客户转让商品或提供服务而有权收取对价的权利，且该权利取决于时间流逝之外的其他因素。合同资产与应收账款的主要区别在于：前者收取对价的权利取决于时间流逝之外的其他因素；后者向客户收取对价的权利是无条件的，即仅取决于时间流逝。

合同负债是指企业已收或应收客户对价而应向客户转让商品或提供服务的义务。如企业在转让承诺的商品或服务之前已收取的款项。

为反映企业履行合同义务与客户付款之间的关系，可以设置“合同结算”账户进行核算。确认收入时，借记“合同结算”账户，贷记“主营业务收入”或“其他业务收入”账户；与客户结算时，借记“应收账款”或“银行存款”账户，贷记“合同结算”账户。期末“合同结算”账户如有借方余额，计入资产负债表中“合同资产”项目列示；如有贷方余额，计入资产负债表中“合同负债”项目列示。

13.6 费用与成本

13.6.1 费用概述

费用是指企业在日常活动中发生的、会导致所有者权益减少的、与向所有者分配利润无关的经济利益的总流出。

费用的内容包括营业成本和期间费用。营业成本有主营业务成本、其他业务成本及税金及附加，期间费用包括销售费用、管理费用及财务费用。

13.6.2 费用的确认与计量

费用的确认应遵循权责发生制和配比原则。确认费用的方法有：按与营业收入的直接联系确认；按合理、系统的分配方式确认；在支出时直接确认。

费用的计量：现金支出与费用同时发生，用按实际支出额计量；现金支出在先，费用发生在后，费用按当期摊销额计量(折旧费等)；费用发生在先，现金支出在后，费用按合理的估计额计量(预计产品保修费等)。

13.6.3 生产成本

1. 成本与费用的联系与区别

成本是对象化的费用，费用的发生过程是成本的形成过程。成本与一定种类和数量的产品相联系，费用与一定的期间相联系。

2. 产品成本计算的一般程序

(1) 确定应计入产品成本的费用界限。

(2) 将计入本期产品成本的各项费用，在各种产品之间按成本项目进行归集和分配，计算出各种产品成本。

(3) 将期初在产品费用与本期生产费用之和，在完工产品和期末在产品之间进行归集和分配，计算出该种完工产品成本。

3. 成本计算方法

成本计算方法是依据产品生产工艺特点、生产组织特点及企业对成本管理的要求等选择恰当的成本计算方法。成本计算的基本方法有品种法、分批法和分步法。

13.6.4 期间费用

期间费用是指本期发生的、不归属于某个特定对象，直接计入当期损益的各项费用。期间费用的内容包括管理费用、销售费用及财务费用。管理费用是指企业为组织和管理生产经营活动所发生的各项费用。销售费用是指企业在销售商品、提供劳务的过程中发生的各项费用。财务费用是指企业为筹集生产经营所需资金而发生的费用。期间费用发生时的会计处理如下：

借：管理费用

　　销售费用

　　财务费用

　　贷：有关账户

期末将期间费用转入“本年利润”账户。

13.7　实 训 活 动

活动要求

- 练习普通销售及现金折扣的核算。
- 练习费用的核算。

活动内容

【训练 1】　练习普通销售及现金折扣的核算

某制造企业为增值税一般纳税人，销售商品适用的增值税税率为 16%，销售单价除标明含税价格以外，均为不含增值税价格。该企业本年 12 月份发生了下列经济业务：

(1) 1 日，向 A 公司销售甲产品 400 件，单价是 2 000 元，单位销售成本是 1 400 元。当即收到 A 公司开出的一张金额为 936 000 元的银行汇票，并送存银行。该批商品适用的消费税税率为 5%。

(2) 5 日，向 B 公司销售乙产品 1 000 件，单价为 300 元，单位销售成本为 220 元。企业在销售合同中规定了 B 公司的付款条件为“2/10，1/20，*n*/30”。假定该企业于 12 月 10 日收到 B 公司支付的货款。假定计算现金折扣时不考虑增值税。

(3) 8 日，向 C 公司销售材料一批，价款是 70 000 元，实际成本是 50 000 元，当日收到金额为 81 900 元的支票一张。

(4) 12 日，上月委托 D 公司代销的丙产品，代销的总价款为 400 000 元，现在收到 D 公司交来的代销清单，列明已经销售商品的 80%，D 公司按照代销商品款的 2%收取手续费。该批委托代销商品的总成本为 300 000 元。

(5) 15 日，向 E 公司销售商品一批，开出的增值税专用发票上注明的销售价格总额为 90 000 元，增值税税额为 15 300 元，该批商品的销售成本为 75 000 元，货款尚未收到。

(6) 17 日，F 公司要求退回上月购买的丁产品 2 000 件。该产品的单位售价为 300 元，单位销售成本为 200 元，其销售收入 600 000 元已经确认，款项尚未收到。该批退货原因系发货差错，该企业同意 F 公司退货，并办理退货手续和开具红字增值税专用发票。

(7) 20 日，收到外单位租用该企业投资性房地产下年度的房屋租金 500 000 元，款项已经存入银行。

(8) 25 日，接受 G 公司的一项房屋装修劳务，合同工期为 6 个月，合同总收入为 310 000 元。到 2017 年 12 月 31 日已预收款项 150 000 元，已发生劳务成本 70 000 元，预计还将发生装修成本 130 000 元。有关款项均已通过银行存款结算。该劳务适用的增值税税率为10%。

(9) 30日,向H公司销售戊商品5 000件,单位价格为500元,单位销售成本为400元,增值税专用发票已经开出。协议约定,购货方应于2018年2月1日前付款;3月31日前有权退货。假定企业根据经验,估计退货率为20%,并且销售退回实际发生时可以冲减增值税税额。

(10) 31日,向I公司销售商品1 000件。该批商品的单位售价为80元,单位销售成本为62元。为了鼓励多购商品,该企业同意给予I公司10%的销售折扣,商品已经发出,贷款已经收存银行。

(11) 31日,E公司发现所购商品不符合合同规定的质量标准,要求该企业在价格上给予6%的销售折让。该企业查明后,同意给予折让并取得了索取折让证明单,并开具了红字增值税专用发票。

要求:根据上述的经济业务编制12月份有关的会计分录。

【训练2】 练习费用的核算

A企业本年度12月份发生了如下业务:

(1) 以银行存款支付以下款项:本期短期银行借款利息500元;产品的广告费1 000元;缴纳车船税780元,销售商品应交的消费税7 000元,增值税13 250元,某产品研究阶段的科研攻关相关费用是3 200元,业务招待费3 000元,因与乙公司发生经济纠纷而负担的诉讼费900元;车间机器受损负担的修理费用1 000元,聘请高级管理人才而负担的房屋租金8 000元;本月工资1200 000元(其中生产工人800 000元,行政管理人员400 000元),购买指定为以公允价值计量且变动计入其他综合收益的而非交易性权益工具投资发生的手续费等交易费用670元。

(2) 计提本月固定资产折旧38 000元,其中生产车间用固定资产折旧额20 000元,行政管理部门用固定资产折旧额18 000元。

(3) 摊销本月专门用于产品生产的非专利技术的价值500 000元。

(4) 根据公司董事会批准的辞退计划,本年度辞退福利预计负债金额为526 000元。

要求:根据上述资料编制会计分录。

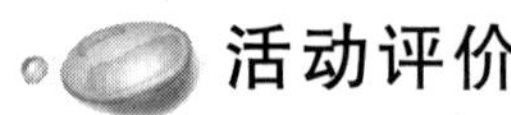

活动评价

【训练1】 练习普通销售及现金折扣的核算

(1) 12月1日销售甲产品

借:银行存款　　936 000

　　贷:主营业务收入　　800 000

　　　　应交税费——应交增值税(销项税额)　　136 000

借:主营业务成本　　560 000

贷：库存商品 560 000

借：税金及附加 40 000

贷：应交税费——应交消费税 40 000

(2) 12 月 5 日销售乙产品

借：应收账款 348 000

贷：主营业务收入 300 000

应交税费——应交增值税(销项税额) 48 000

借：主营业务成本 220 000

贷：库存商品 220 000

借：银行存款 342 000

财务费用 6 000

贷：应收账款 348 000

(3) 12 月 8 日销售材料

借：银行存款 81 900

贷：其他业务收入 70 000

应交税费——应交增值税(销项税额) 11 900

借：其他业务成本 50 000

贷：原材料 50 000

(4) 12 月 12 日，收到上月委托 D 公司代销的丙产品的代销清单

借：应收账款 320 000

贷：主营业务收入 275 860

应交税费——应交增值税(销项税额) 44 140

借：主营业务成本 240 000

贷：发出商品 240 000

借：销售费用 64 000

贷：应收账款 64 000

(5) 12 月 15 日向 E 公司销售商品

借：应收账款 105 300

贷：主营业务收入 90 000

应交税费——应交增值税(销项税额) 15 300

借：主营业务成本 75 000

贷：库存商品 75 000

(6) 12 月 17 日 F 公司要求退回上月购买的丁产品 2 000 件

借：主营业务收入 600 000

应交税费——应交增值税(销项税额) 96 000

贷：应收账款 696 000

借：库存商品 400 000

贷：主营业务成本 400 000

(7) 12月20日收到下年度房屋租金

借：银行存款 500 000

贷：其他业务收入 500 000

(8) 12月25日接受G公司的一项房屋装修劳务

借：银行存款 150 000

贷：预收账款 150000

借：合同结算 11 935

贷：主营业务收入 10 850

应交税费——应交增值税(销项税额) 1 085

借：主营业务成本 70 000

贷：合同履约成本 70 000

(9) 12月30日，向H公司销售戊商品

借：发出商品 200 000

贷：库存商品 200 000

借：应收账款 2 032 000

贷：主营业务收入 2 000 000

应交税费——应交增值税(销项税额) 32 000

借：主营业务成本 160 000

贷：库存商品 160 000

(10) 12月31日，向I公司销售商品

借：银行存款 79 200

贷：主营业务收入 78 000

应交税费——应交增值税(销项税额) 1 200

(11) 12月31日同意给予E公司销售折让

借：应收账款 6 318

贷：主营业务收入 5 400

应交税费——应交增值税(销项税额) 918

【训练2】 练习普通销售及现金折扣的核算

(1) 用银行存款支付各种款项

借：财务费用 500

贷：银行存款 500

借：销售费用 1 000

贷：银行存款　　1 000

借：应交税费——应交车船税　　780

——应交消费税　　7 000

——应交增值税　　13 250

贷：银行存款　　21 030

借：研发支出——费用化支出　　3 200

贷：银行存款　　3 200

借：管理费用　　3 000

贷：银行存款　　3 000

借：管理费用——诉讼费　　900

贷：银行存款　　900

借：制造费用　　1 000

贷：银行存款　　1 000

借：应付职工薪酬　　8 000

贷：银行存款　　8 000

借：生产成本　　800 000

管理费用　　400 000

贷：应付职工薪酬　　1 200 000

借：其他权益工具投资——成本　　670

贷：银行存款　　670

(2) 计提本月份固定资产折旧

借：制造费用　　20 000

管理费用　　18 000

贷：累计折旧　　38 000

(3) 摊销本月份专门用于产品生产的非专利技术的价值

借：制造费用　　500 000

贷：无形资产摊销　　500 000

(4) 确认本年度辞退福利预计负债金额

借：管理费用　　526 000

贷：预计负债　　526 000

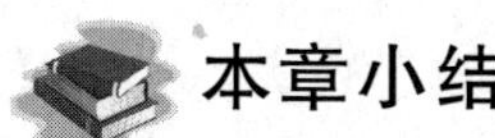

本章小结

收入是指企业日常经营活动中所形成的、会导致所有者权益增加的，与所有者投入资本无关的经济利益的总流入。费用是指企业日常经营活动中发生的、会导致所有者权益减少的、与向投资者分配利润无关的经济利益的总流出。确认销售商品服务的收入由下列五个方面构成：识别与客户订立的合同；识别合同中的单项履约义务；确认交易价格；将交易价格分摊至各单项履约的义务；履行每一单项义务时确认收入。企业确认收入的方式应当反映向客户转让商品或服务的模式，按照分摊至各单项履约义务的交易价格计量收入，同时考虑可变对价，合同中存在的重大融资成分，非现金对价、应付客户对价等因素对交易价格的影响。

费用的确认应当遵循权责发生制原则。费用与收入之间应根据不同的情况分别采用"直接配比""系统且合理的摊配"和"期间配比"。费用按期间归集，成本则是费用按具体产品对象化所形成的。

思考题

1. 试述收入的定义和特点。
2. 如何理解收入的确认模型的五步法？
3. 举例说明商业折扣、现金折扣和销售折让对收入确认和计量的影响。
4. 企业发生销售退回时，应当如何编制会计分录？
5. 费用的确认原则是什么？它包括哪些确认方法？
6. 什么是期间费用？它包括哪些内容？

第 14 章

利润实训

学习目标

- 熟悉营业利润、利润总额、净利润的计算。
- 熟悉利得、损失、政府补助的核算。
- 掌握资产负债表债务法下应纳税所得额的计算及所得税的核算。
- 掌握利润分配的程序及会计处理。
- 熟悉基本每股收益与稀释每股收益的计算方法。

14.1 利润的构成

14.1.1 利润的计算

由于企业收益的内涵不同,可表现为不同的利润指标。

1. 营业利润

营业利润是指企业在一定会计期间从事生产经营活动取得的利润,是企业利润总额的重要组成部分。计算公式如下:

营业利润＝营业收入－营业成本－税金及附加－销售费用－管理费用－研发费用－财务费用－信用减值损失－资产减值损失＋公允价值变动收益＋投资收益＋资产处置收益＋其他收益

2. 利润总额

利润总额是营业利润与营业外收支净额的合计。计算公式如下:

利润总额＝营业利润＋营业外收入－营业外支出

3. 净利润

净利润是利润总额减去所得税费用后的净额。计算公式如下:

净利润＝利润总额－所得税费用

4．综合收益总额

综合收益总额是净利润加上其他综合收益各项目分别扣除所得税影响后的净额。计算公式如下：

综合收益总额＝净利润＋其他综合收益各项目分别扣除所得税影响后的净额

14.1.2 计入当期利润的利得和损失

营业外收入和营业外支出均属于计入当期利润的利得和损失，但计入当期利润的利得和损失并非都计入营业外收入、营业外支出项目，如资产减值损失、非流动资产处置利得或损失等。

营业外收入主要包括：债务重组利得（债务重组中因处置非流动资产产生的利得除外）、与企业日常活动无关的政府补助、罚没利得、盘盈利得、接受捐赠利得、确实无法偿还的应付款项利得等。

营业外支出主要包括：债务重组损失（债务重组中因处置非流动资产产生的损失除外）、罚款支出、公益性捐赠支出、非常损失、盘亏损失、非流动资产毁损报废损失等。

14.1.3 政府补助

政府补助是指企业从政府无偿取得的货币性资产或非货币性资产。

政府补助可以划分为与资产相关的政府补助和与收益相关的政府补助。还可以划分为与企业日常活动相关的政府补助和与日常活动无关的政府补助。

政府补助的会计处理方法有总额法和净额法两种。

14.2 所 得 税

14.2.1 所得税的会计核算方法

所得税的会计核算方法有应付税款法、递延法、收益表债务法和资产负债表债务法。我国企业会计准则规定，企业应采用资产负债表债务法进行所得税核算。小企业如果执行小企业会计准则，可以采用应付税款法进行所得税核算。

应付税款法对所得税的确认和计量完全服从税法规定，确认的所得税费用与应缴纳的所得税完全一致。其会计处理如下：

借：所得税费用

贷：应交税费——应交所得税

14.2.2 资产负债表债务法的运用

我国企业会计准则规定，企业所得税核算采用资产负债表债务法。采用资产负债表债务法核算所得税时，须确认暂时性差异对未来所得税的影响，并将其金额反映在资产负债表的递延所得税资产或递延所得税负债中。其会计处理如下：

借：所得税费用

递延所得税资产（当期产生的可抵扣暂时性差异对所得税的影响额）

递延所得税负债（当期转回的应纳税暂时性差异对所得税的影响额）

贷：应交税费——应交所得税

递延所得税负债（当期产生的应纳税暂时性差异对所得税的影响额）

递延所得税资产（当期转回的可抵扣暂时性差异对所得税的影响额）

应交所得税＝应纳税所得额×所得税税率

应纳税所得额＝税前会计利润＋纳税调整增加额－纳税调整减少额

应纳税所得额与税前会计利润之间的差异分为永久性差异和暂时性差异两类。

永久性差异是指某一会计期间，由于会计准则和税法在计算收益、费用或损失时的口径不一致所产生的税前会计利润与应税所得之间的差异。主要包括：国库券利息收入；股息、红利等权益性投资收益；超标准的公益性捐赠，以及非公益性捐赠；违法经营罚款和被没收财物的损失，以及各项税收滞纳金等；超标准的业务招待费支出；超标准的广告费；各种赞助支出；超标准的利息支出；超标准的工资支出；不符合独立交易原则的关联方支出。

暂时性差异是指资产或负债的账面价值与其计税基础的差异。形成暂时性差异的事项主要有：未实现持有损益（如公允价值变动损益）、会计折旧与计税折旧差异、预计负债、计提资产减值准备等。

根据对未来的所得税的影响分为应纳税暂时性差异和可抵扣暂时性差异。暂时性差异的类别如表 14-1 所示。

表 14-1 暂时性差异的类别

项目	账面价值	计税基础	对未来纳税影响	暂时性差异类别	递延所得税性质
资产	较大	较小	增加	应纳税	递延所得税负债
资产	较小	较大	减少	可抵扣	递延所得税资产
负债	较大	较小	减少	可抵扣	递延所得税资产
负债	较小	较大	增加	应纳税	递延所得税负债

14.3 每股收益

每股收益是评价公司业绩的重要指标之一，分为基本每股收益和稀释每股收益。

基本每股收益是按照归属于普通股股东的当期净利润除以发行在外普通股的加权平均数计算的每股收益。

$$基本每股收益=\frac{归属于普通股股东的当期净利润}{当期发行在外普通股的加权平均数}$$

稀释每股收益是以基本每股收益为基础，假定企业所有发行在外的稀释性潜在普通股均已转换为普通股，从而分别调整归属于普通股股东的当期净利润以及发行在外的以普通股加权平均数计算的每股收益。

$$\begin{aligned}&稀释每股收益\\&=\frac{归属于普通股股东的当期净利润+假设转换时增加的净利润}{当期发行在外普通股加权平均数+假设转换所增加的普通股股数加权平均数}\end{aligned}$$

基本每股收益仅考虑当期实际发行在外的普通股股份，而稀释每股收益的计算和列报主要是为了避免每股收益虚增可能带来的信息误导。

14.4 利润分配

企业的可供分配利润一般按如下程序进行分配：

(1) 弥补以前年度亏损；

(2) 提取法定盈余公积；

(3) 提取任意盈余公积；

(4) 向投资者分配利润或股利。

14.5 实训活动

活动要求

- 练习利润相关指标的计算。
- 运用资产负债表债务法进行所得税核算。

活动内容

【训练 1】 练习利润相关指标的计算

某企业 2018 年年末除“所得税费用”账户外的其他损益类账户在结转至“本年利润”

账户前的余额如表 14-2 所示。

表 14-2　2018 年 12 月 31 日结转前损益类账户余额　　单位：元

账　　户	借方余额	贷方余额
主营业务收入		2 798 000
主营业务成本	1 960 000	
税金及附加	183 000	
其他业务收入		76 000
其他业务成本	51 000	
销售费用	152 000	
管理费用	169 000	
财务费用	16 000	
投资收益		156 000
信用减值损失	12 000	
资产减值损失	35 000	
公允价值变动损益	22 000	
营业外收入		50 000
营业外支出	90 000	

假设应交所得税为 105 000 元，递延所得税资产年初数为 65 000 元，年末数为 87 000 元；递延所得税负债年初数为 24 000 元，年末数为 73 000 元。

要求：

（1）计算营业收入、营业成本、营业利润、利润总额、所得税费用和净利润；

（2）编制确认所得税费用和应交所得税的会计分录；

（3）编制将各损益类科目余额结转至“本年利润”科目的会计分录。

【训练 2】　练习资产负债表债务法的运用

A 企业适用的所得税税率是 25%，2018 年会计利润为 375 000 元，该企业当年会计与税收之间的差异包括以下事项：①国债利息收入 25 000 元；②税款滞纳金 30 000 元；③交易性金融资产公允价值增加 30 000 元；④提取坏账准备 100 000 元；⑤固定资产会计上采用直线法计提折旧，应计提折旧为 700 000 元，而税法上要求采用双倍余额递减法计提折旧，应计提折旧为 800 000 元；⑥提取无形资产减值准备 100 000 元；⑦预计售后服务费用 50 000 元。该企业 2018 年期初递延所得税资产和递延所得税负债的账户没有余额。

要求：

（1）分别确定当期永久性差异、应纳税暂时性差异和可抵扣暂时性差异。

（2）计算该企业 2018 年度的应纳税所得额。

（3）计算该企业 2018 年应交的所得税。

（4）确定递延所得税资产与递延所得税负债的金额。

（5）计算该企业 2018 年的所得税费用。

(6) 编制所得税核算的会计分录。

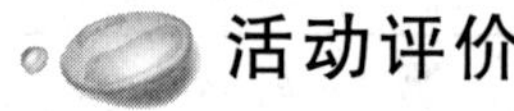

活动评价

【训练 1】 练习利润相关指标的计算

(1) 计算营业收入、营业成本、营业利润、利润总额、所得税费用和净利润。

营业收入=主营业务收入+其他业务收入=2 798 000+76 000=2 874 000(元)

营业成本=主营业务成本+其他业务成本=1 960 000+51 000=2 011 000(元)

营业利润=营业收入-营业成本-税金及附加-销售费用-管理费用-财务费用-信用减值损失-资产减值损失+公允价值变动收益(-公允价值变动损失)+投资收益

=2 874 000-2 011 000-183 000-152 000-169 000-16 000-12 000-35 000-22 000+156 000=430 000(元)

利润总额=营业利润+营业外收入-营业外支出=430 000+50 000-90 000

=390 000(元)

已知:应交所得税=当期所得税费用=105 000(元)

递延所得税费用=递延所得税负债增加额+递延所得税资产减少额

=(73 000-24 000)+0=49 000(元)

递延所得税收益=递延所得税负债减少额+递延所得税资产增加额

=0+(87 000-65 000)=22 000(元)

所得税费用=当期所得税费用+递延所得税费用-递延所得税收益

=105 000+49 000-22 000=132 000(元)

净利润=利润总额-所得税费用=390 000-132 000=258 000(元)

(2) 编制确认所得税费用和应交所得税的会计分录。

借:所得税费用　　132 000
　　递延所得税资产　　22 000
　　贷:应交税费——应交所得税　　105 000
　　　　递延所得税负债　　49 000

(3) 编制将各损益类账户余额结转至"本年利润"账户的会计分录。

① 结转收益类账户

借:主营业务收入　　2 798 000
　　其他业务收入　　76 000
　　投资收益　　156 000
　　营业外收入　　50 000
　　贷:本年利润　　3 080 000

② 结转费用类账户

借：本年利润	2 822 000	
贷：主营业务成本		1 960 000
营业税金及附加		183 000
其他业务成本		51 000
销售费用		152 000
管理费用		169 000
财务费用		16 000
信用减值损失		12 000
资产减值损失		35 000
公允价值变动损益		22 000
营业外支出		90 000
所得税费用		132 000

【训练 2】 练习资产负债表债务法的应用

(1) 分别确定当期永久性差异、应纳税暂时性差异和可抵扣暂时性差异。

① 国债利息收入 25 000 元，永久性差异；

② 税款滞纳金 30 000 元，永久性差异；

③ 交易性金融资产公允价值增加 30 000 元，应纳税暂时性差异；

④ 提取坏账准备 100 000 元，可抵扣暂时性差异；

⑤ 固定资产折旧差异 100 000 元，资产的账面价值大于计税基础，应纳税暂时性差异；

⑥ 提取无形资产减值准备 100 000 元，资产的账面价值小于计税基础，可抵扣暂时性差异；

⑦ 预计售后服务费用 50 000 元，负债的账面价值大于计税基础，可抵扣暂时性差异。

当期形成的应纳税暂时性差异＝30 000＋100 000＝130 000(元)

当期形成的可抵扣暂时性差异＝100 000＋100 000＋50 000＝250 000(元)

(2) 计算该企业 2018 年度的应纳税所得额。

该企业 2018 年应纳税所得额＝税前会计利润±当期永久性差异－当期形成的应纳税暂时性差异＋当期形成的可抵扣暂时性差异

＝375 000－25 000＋30 000－130 000＋250 000

＝500 000(元)

(3) 计算该企业 2018 年应交的所得税。

该企业 2018 年应交所得税＝500 000×25％＝125 000(元)

(4) 确定递延所得税资产与递延所得税负债的金额。

递延所得税负债＝130 000×25％＝32 500(元)

递延所得税资产＝250 000×25％＝62 500(元)

(5) 计算该企业 2018 年的所得税费用。

所得税费用＝125 000＋32 500－62 500＝95 000(元)

(6) 编制所得税核算的会计分录。

借：所得税费用　　95 000

　　递延所得税资产　　62 500

　　贷：应交税费——应交所得税　　125 000

　　　　递延所得税负债　　32 500

本章小结

由于企业收益的内涵不同,可表现为不同的利润指标,如营业利润、利润总额、净利润、综合收益总额等。营业外收入和营业外支均属于计入当期利润的利得和损失,但计入当期利润的利得和损失并非都计入营业外收入、营业外支出项目。政府补助可以划分为与资产相关的政府补助和与收益相关的政府补助。还可以划分为与企业日常活动相关的政府补助和与日常活动无关的政府补助。

所得税会计核算方法有应付税款法、递延法、收益表债务法和资产负债表债务法。我国企业会计准则规定,企业应采用资产负债表债务法进行所得税核算。采用资产负债表债务法核算所得税时,须确认暂时性差异对未来所得税的影响,并将其金额反映在资产负债表的递延所得税资产或递延所得税负债中。应纳税所得额与税前会计利润之间的差异分为永久性差异和暂时性差异两类。暂时性差异是指资产或负债的账面价值与其计税基础的差异。根据对未来的所得税的影响分为应纳税暂时性差异和可抵扣暂时性差异。小企业如果执行小企业会计准则,可以采用应付税款法进行所得税核算。

每股收益是评价公司业绩的重要指标之一,分为基本每股收益和稀释每股收益。

企业的可供分配利润一般按如下程序进行分配：(1)弥补以前年度亏损；(2)提取法定盈余公积；(3)提取任意盈余公积；(4)向投资者分配利润或股利。

思考题

1. 试比较收入与利得、费用与损失的联系及区别。

2. 对政府补助有哪些不同的会计处理方法？按照我国企业会计准则,对政府补助应如何进行核算？

3. 如何确定暂时性差异？应纳税暂时性差异与可抵扣暂时性差异有何区别？

4. 影响企业利润分配的因素有哪些？试说明利润分配的一般程序。

5. 基本每股收益与稀释每股收益有何区别？

第 15 章

财务报表列报实训

学习目标

- 掌握资产负债表项目及其编制方法。
- 掌握利润表项目及其编制方法。
- 掌握现金流量表项目及其编制方法。
- 掌握所有者权益变动表项目及其编制方法。

15.1 资产负债表

资产负债表是反映企业在某一特定日期财务状况的财务报表。

资产负债表各项目期末数据的填列方法,可以归纳为以下 5 种。

1. 根据某一总账账户余额直接填列

资产负债表大部分项目的填列都是根据有关总账账户的余额直接填列。

2. 根据若干总账账户的余额计算填列

(1) "货币资金"项目,根据"库存现金""银行存款""其他货币资金"账户的期末余额合计数计算填列。

(2) "存货"项目,根据"在途物资""材料采购""原材料""委托加工物资""包装物""低值易耗品""库存商品""发出商品""受托代销商品""生产成本"等账户的期末余额合计数,加上或减去"材料成本差异""商品进销差价"账户的期末余额,再减去"受托代销商品款""存货跌价准备"账户的期末余额后的金额填列。

3. 根据有关总账账户和明细账户的余额分析计算填列

(1) "债权投资""长期应收款"和"长期待摊费用"项目,一年内到期部分在"一年内到期的非流动资产"填列。

（2）“长期借款”“应付债券”“长期应付款”和“预计负债”项目，一年内到期部分在“一年内到期的非流动负债”填列。

4. 根据有关明细账户的余额分析计算填列

主要有“应收账款”“预收账款”“应付账款”“预付账款”项目。

5. 根据有关账户余额减去其备抵账户余额后的净额填列

凡是计提减值准备(包括坏账准备和存货跌价准备)、计提折旧或摊销的资产项目，均属于此类。

15.2 利 润 表

利润表是反映企业一定会计期间经营成果的财务报表。

利润表“上期金额”栏内各项数字应根据上期利润表“本期金额”栏内所列数字填制。如果上年该期利润表规定的各项目名称和内容同本期不相一致，应对上期利润表各项目名称和数字按本期的规定进行调整，填入利润表“上期金额”栏内。

利润表“本期金额”栏内各项数字一般应根据损益类账户发生额分析填制。“营业收入”项目应根据“主营业务收入”账户和“其他业务收入”账户的发生额合计填制；“营业成本”项目应根据“主营业务成本”账户和“其他业务支出”账户的发生额合计填制；其他利润表项目应根据相应账户的发生额分析填列。不同层次的利润项目，根据表中有关项目计算填列，如为亏损，应以“－”填列。

15.3 现金流量表

现金流量表是反映企业一定会计期间现金流入与流出情况的财务报表。按照收付实现制，以现金及现金等价物为基础编制的。

现金等价物是指企业持有的期限短、流动性强、易于转换为已知金额现金、价值变动风险很小的投资。

15.3.1 直接法

现金流量表主表是采用直接法编制的，分别经营、投资、筹资活动，从现金流入和流出两个方面列报现金收支项目和各类活动产生的现金流量净额。直接法通过现金收入和现金支出的主要类别反映来自企业经营活动的现金流量。采用直接法编制经营活动的现金流量表时，一般以利润表中的营业收入为起算点，调整与经营活动有关项目的增减变动，然后计算出经营活动的现金流量。

1. 经营活动产生的现金流量

1）经营活动现金流入项目

经营活动现金流入项目有：销售商品、提供劳务收到的现金（包括收到的增值税销项税额）；收到的税费返还；收到的其他与经营活动有关的现金。

2）经营活动现金流出项目

经营活动现金流出项目有：购买商品、接受劳务支付的现金（包括支付的增值税进项税额）；支付给职工及为职工支付的现金（其中现金支付的应由在建工程和无形资产负担的职工薪酬属于投资活动）；支付的各项税费；支付的其他与经营活动有关的现金。

2. 投资活动产生的现金流量

在现金流量表中，投资活动还包括固定资产、无形资产和其他长期资产的购建与处置活动。

1）投资活动现金流入项目

投资活动现金流入项目有：收回投资所收到的现金（不包括债权投资收到的利息）；取得投资收益收到的现金；处置固定资产、无形资产和其他长期资产收回的现金净额；处置子公司及其他营业单位收到的现金净额；收到的其他与投资活动有关的现金。

2）投资活动现金流出项目

投资活动现金流出项目有：购建固定资产、无形资产和其他长期资产支付的现金；投资所支付的现金；取得子公司及其他营业单位支付的现金净额；支付的其他与投资活动有关的现金。

3. 筹资活动产生的现金流量

1）筹资活动现金流入项目

筹资活动现金流入项目有：吸收投资所收到的现金（发行股票筹资时应减除由金融机构支付的佣金、手续费等发行费用）；借款所收到的现金（发行债券筹资时应减除由金融机构支付的佣金、手续费等发行费用）；收到的其他与筹资活动有关的现金。

企业以发行股票、债券等方式筹集资金时，由金融机构支付的佣金、手续费等发行费用应作为股票、债券发行收入的减项。

2）筹资活动现金流出项目

筹资活动现金流出项目有：偿还债务所支付的现金；分配股利、利润或偿付利息所支付的现金；支付的其他与筹资活动有关的现金（包括企业筹资时支付的审计、咨询等费用）。

直接法下现金流量主要项目的内容列示如表 15-1 所示。

表 15-1 现金流量表主要项目的内容

项　目	说　明
1. 销售商品、提供劳务收到的现金	包括本期销售商品、提供劳务收到的现金，以及前期销售和前期提供劳务本期收到的现金和本期预收的账款，扣除本期退回本期销售的商品和前期销售本期退回的商品支付的现金。企业销售材料和代购供销业务收到的现金，也在本项目反映
2. 购买商品、接受劳务支付的现金	包括本期购入商品、接受劳务支付的现金（包括支付的增值税进项税额）以及本期支付前期购入商品、接受劳务的未付款项和本期预付款项。本期发生的购货退回收到的现金应从本项目内扣除
3. 支付给职工以及为职工支付的现金	包括本期实际支付给职工的各种形式的报酬以及其他相关支出，包括为职工支付的其他费用（如代扣代缴的职工个人所得税）。不包括支付的离退休人员的各项费用和应由在建工程和无形资产负担的职工薪酬
4. 支付的各项税费	包括本期发生并支付的税费，以及本期支付以前各期发生的税费和预交的税费等。不包括计入固定资产价值，实际支付的耕地占用税等
5. 支付的其他与经营活动有关的现金	包括经营租赁支付的现金、差旅费、业务招待费、保险费、广告费等，金额较大的，应单列项目反映
6. 收回投资所收到的现金	反映企业出售、转让或到期收回除现金等价物以外的以公允价值计量且其变动计入当期损益的金融资产、以摊余成本计量的金融资产、以公允价值计量且其变动计入其他综合收益的金融资产、长期股权投资等收到的现金，不包括债权投资收到的利息，以及处置子公司及其他营业单位收到的现金净额
7. 取得投资收益收到的现金	反映企业因股权性投资分得的现金股利或利润和因债权性投资取得的利息而收到的现金
8. 处置固定资产、无形资产和其他长期资产收回的现金净额	反映企业处置固定资产、无形资产和其他长期资产所取得的现金，扣除为处置这些资产而支付的有关费用后的净额。由于自然灾害所造成的固定资产等长期资产损失而收到的保险赔偿，也在本项目反映
9. 购建固定资产、无形资产和其他长期资产支付的现金	反映企业购买、建造固定资产，取得无形资产和其他长期资产所支付的现金，包括以现金支付的增值税进项税额、由在建工程和无形资产负担的职工薪酬，不包括计入固定资产成本的借款利息支出。支付借款利息通过筹资活动现金流量反映
10. 投资支付的现金	反映企业取得除现金等价物以外的以公允价值计量且其变动计入当期损益的金融资产、以摊余成本计量的金融资产、以公允价值计量且其变动计入其他综合收益的金融资产、长期股权投资等支付的现金，以及支付的佣金、手续费等交易费用
11. 吸收投资收到的现金	反映企业收到的投资者投入的现金，包括以发行股票等方式筹集资金实际收到的款项，即发行收入扣除佣金等发行费用后的净额。以发行股票方式筹集资金而由企业直接支付的审计、咨询等费用，在“支付其他与筹资活动有关的现金”项目反映
12. 取得借款收到的现金	反映企业举借各种短期、长期借款所收到的现金以及发行债券实际收到的现金净额（发行收入扣除佣金等发行费用后的净额）
13. 偿还债务支付的现金	反映企业偿还债务本金支付的现金，包括偿还金融企业的借款本金和偿还的债券本金等

补充：

(1) 销售商品、提供劳务收到的现金＝本期销售商品、提供劳务收入＋增值税销项税额－应收账款本期增加额－应收票据本期增加额－预收账款本期增加额－本期收回前期核销的坏账损失－本期因销售退回而支付的现金－本期实际核销的坏账损失

(2) 购买商品、接受劳务支付的现金＝本期营业成本＋本期购买商品、接受劳务的增值税进项税额＋存货本期增加额＋预付账款本期增加额－应付账款本期增加额－应付票据本期增加额－购货退回收到的现金

15.3.2　间接法

间接法是以本期净利润为起算点，调整不涉及现金的收入、费用、营业外收支等有关项目的增减变动，据此计算出经营活动的现金流量。

净利润是以权责发生制为基础计算确定的，而且其构成内容不仅包括经营活动的损益，也包括投资活动和筹资活动的损益。间接法的基本原理，就是将在权责发生制基础上计算确定的净利润转换为以收付实现制为基础，并剔除投资、筹资活动的影响，由此得出经营活动产生的现金流量净额。

15.3.3　直接法与间接法的联系

设某企业的有关数据如表 15-2 所示。

表 15-2　编制现金流量表相关数据　　单位：元

项目	金额
经营性收入	98 540
经营性支出	45 310
非经营性收入	1 400
非经营性支出	500
经营性非货币性资产项目的本期净增加数	3 700
经营性负债项目的本期净增加数	－800

其中：经营性收入包括主营业务收入和其他业务收入，还包括由经营活动引起的营业外收入，如无法支付的应付款项；经营性支出包括主营业务成本、其他业务成本、税金及附加、销售费用、管理费用，还包括由经营活动引起的营业外支出，如支付的滞纳金、罚款等；非经营性收入是由于投资、筹资活动带来的收入，包括投资收益、非流动资产出售收益等；非经营性支出是由于投资、筹资活动带来的支出，包括投资损失、支付的利息费用、非流动资产出售损失等。

根据以上数据编制直接法与间接法经营活动现金流量的比较表，见表 15-3。

表 15-3 直接法与间接法经营活动现金流量比较表

项 目	损益类项目	非货币性资产项目和负债类项目	直接法下经营活动现金流量	间接法下经营活动现金流量
1. 经营性收入	98 540		98 540	
2. 经营性支出	45 310		−45 310	
3. 经营性非货币性资产项目的本期净增加数		3 700	−3 700	−3 700
4. 经营性负债项目的本期净增加数		−800	−800	−800
5. 非经营性收入	1 400			−1 400
6. 非经营性支出	500			500
净利润(1−2+5−6)	54 130			54 130
直接法下经营活动现金流量净额			48 730	
间接法下经营活动现金流量净额				48 730

通过上表的比较,我们可得出以下的结论:

(1) 经营性收入与经营性支出项目在直接法下要在现金流量表中进行调整,而间接法由于是在净利润的基础上进行调整,所以不作调整;

(2) 经营性非货币性资产项目与经营性负债项目的本期净增减额,无论在直接法下还是在间接法下都要进行调整,且调整的方向是一致的;

(3) 非经营性收入与非经营性支出项目,直接法下不必在经营活动现金流量中反映,而在间接法下,由于净利润中已经包括在内,故应进行反向调整。

15.4 所有者权益变动表

所有者权益变动表是反映企业所有者权益各组成项目在一定会计期间内增减变动情况的财务报表。

所有者权益变动表"本年金额"栏内各项数字一般应根据"实收资本(或股本)""资本公积""盈余公积""利润分配""库存股""以前年度损益调整"等账户的发生额分析填列。

所有者权益变动表"上年金额"栏内各项数字,应根据上年度所有者权益变动表"本年金额"栏内所列数字填列。如果上年度所有者权益变动表规定的各个项目的名称和内容同本年度不相一致,应对上年度所有者权益变动表各项目的名称和数字按本年度的规定进行调整,填入所有者权益变动表"上年金额"栏内。

15.5　实训活动

活动要求

- 编制资产负债表。
- 编制利润表。
- 编制现金流量表。

活动内容

【训练 1】 练习资产负债表的编制

甲公司 2018 年 12 月 31 日全部总账和有关明细账余额如表 15-4 所示。

表 15-4　2018 年 12 月 31 日总账和有关明细账余额　　单位：元

总账	明细账户	借方余额	贷方余额	总账	明细账户	借方余额	贷方余额
库存现金		3 000		短期借款			180 000
银行存款		45 000		应付账款			30 000
交易性金融资产		42 000			F 公司		21 000
应收账款		69 000			G 公司	15 000	
	A 公司	30 000			H 公司		24 000
	B 公司		6 000	预收账款			3 000
	C 公司	45 000			J 公司		12 000
预付账款		14 100			K 公司	9 000	
	D 公司	15 000		其他应付款			36 000
	E 公司		900	应付职工薪酬			104 100
其他应收款		30 000		应交税费			180 000
原材料		81 000		应付股利			60 000
生产成本		24 000		长期借款			192 000
库存商品		60 000		股本			840 000
长期股权投资		681 000		盈余公积			66 240
固定资产		1 200 000		利润分配	未分配利润		479 760
累计折旧			180 000				
无形资产		90 000					
长期待摊费用		12 000					

要求：根据相关资料填列资产负债表。

【训练 2】 练习利润表的编制

甲公司 2018 年除“所得税费用”账户外的其他损益类账户在结转至“本年利润”账户前的余额如表 15-5 所示。

表 15-5 结转至“本年利润”账户前的损益类账户余额 单位：元

账　　户	借方余额	贷方余额
主营业务收入		2 798 000
主营业务成本	1 960 000	
税金及附加	183 000	
其他业务收入		76 000
其他业务成本	51 000	
销售费用	152 000	
管理费用	169 000	
财务费用	16 000	
投资收益		156 000
信用减值损失	12 000	
资产减值损失	35 000	
公允价值变动损益	22 000	
营业外收入		50 000
营业外支出	90 000	

假设应交所得税为 105 000 元，递延所得税资产年初数为 65 000 元，年末数为 87 000 元；递延所得税负债年初数为 24 000 元，年末数为 73 000 元。

要求：

(1) 计算营业收入、营业成本、营业利润、利润总额、所得税费用和净利润；

(2) 编制甲公司 2018 年度的利润表。

【训练 3】 练习直接法下现金流量表的编制

乙企业为增值税一般纳税人，2018 年 12 月 31 日资产负债表有关项目期末余额和年初余额见表 15-6。

表 15-6 资产负债表有关项目资料表 单位：元

资产	期末余额	年初余额	负债和所有者权益	期末余额	年初余额
应收票据	15 000	20 000	应付账款	13 500	21 000
应收账款	285 000	190 000	应付职工薪酬	15 300	2 550
预付款项	7 500	5 000	应交税费	2 350	1 900
存货	32 500	47 500			

该企业本年其他有关资料如下：

(1) 本年主营业务收入为 400 000 元，主营业务成本(产品销售成本)为 225 000 元。

(2) 坏账准备年初余额为 10 000 元，本年未发生坏账损失，年末计提应收账款坏账准备 5 000 元。存货跌价准备年初、年末无余额。

(3) 本年发生增值税销项税额 68 000 元,进项税额 35 700 元。

(4) 本年因洪涝灾害造成存货损失 1 000 元,已全部计入当期损益。

(5) 本年发生职工工资 42 500 元,已全部支付,其中:企业行政管理人员 17 500 元,车间管理人员及生产工人 25 000 元。本年计提职工养老保险等社会保险费用 12 750 元,其中企业行政管理人员 5 250 元,车间管理人员及生产工人 7 500 元。

本年未发生属于投资、筹资活动的经济业务。

要求:

根据上述资料(不考虑其他因素)计算填列本年现金流量表下列项目的金额:

(1) 销售商品、提供劳务收到的现金;

(2) 购买商品、接受劳务支付的现金;

(3) 支付给职工及为职工支付的现金;

(4) 支付的各项税费。

【训练 4】 练习间接法下现金流量表的编制

甲公司 2017 年度净利润为 8 650 000 元,在 2017 年度的有关经济业务如下:

(1) 2017 年度的折旧费用为 450 000 元;

(2) 2017 年度计提坏账准备 40 000 元;

(3) 应收账款账户年初余额为 500 000 元,年末余额为 800 000 元;

(4) 应付账款账户年初余额为 380 000 元,年末余额为 200 000 元;

(5) 无形资产摊销 15 000 元;

(6) 支付股票股利 200 000 元;

(7) 预计产品质量保证费用 15 000 元;

(8) 固定资产报废损失 4 500 元;

(9) 存货年初余额为 460 000 元,年末余额为 350 000 元。

要求:采用间接法编制现金流量表(将净利润调节为经营活动现金流量)。

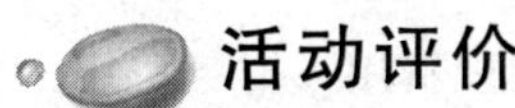

活动评价

【训练 1】 练习资产负债表的编制

编制的资产负债表如表 15-7 所示。

表 15-7　资产负债表　　单位:元

资产	期末数	年初数(略)	负债和股东权益	期末数	年初数(略)
流动资产:			流动负债:		
货币资金	48 000		短期借款	180 000	
交易性金融资产	42 000		应付票据		
应收票据			应付账款	45 900	

续表

资产	期末数	年初数(略)	负债和股东权益	期末数	年初数(略)
应收账款	84 000		预收款项	18 000	
预付款项	30 000		应付职工薪酬	104 100	
其他应收款	30 000		应交税费	180 000	
存货	165 000		应付利息		
其他流动资产			应付股利	60 000	
流动资产合计	399 000		其他应付款	36 000	
非流动资产:			其他流动负债		
债权投资			流动负债合计	624 000	
其他债权投资			非流动负债:		
长期股权投资	681 000		长期借款	192 000	
其他权益工具投资			应付债券		
投资性房地产			长期应付款		
固定资产	1 020 000		其他非流动负债		
无形资产	90 000		非流动负债合计	192 000	
开发支出			负债合计	816 000	
商誉			所有者权益:		
长期待摊费用	12 000		股本	840 000	
其他非流动资产			资本公积		
非流动资产合计	1 803 000		盈余公积	66 240	
			未分配利润	479 760	
			所有者权益合计	1 386 000	
资产总计	2 202 000		负债和所有者权益总计	2 202 000	

【训练 2】 练习利润表的编制

(1) 计算营业收入、营业成本、营业利润、利润总额、所得税费用和净利润:

营业收入=主营业务收入+其他业务收入=2 798 000+76 000=2 874 000(元)

营业成本=主营业务成本+其他业务成本=1 960 000+51 000=2 011 000(元)

营业利润=营业收入-营业成本-税金及附加-销售费用-管理费用-财务费用-信用减值损失-资产减值损失+公允价值变动收益+投资净收益=2 874 000-2 011 000-183 000-152 000-169 000-16 000-12 000-35 000-22 000+156 000=430 000(元)

利润总额=营业利润+营业外收入-营业外支出=430 000+50 000-90 000=390 000(元)

所得税费用=应交所得税+本期增加的递延所得税负债-本期增加的递延所得税资产

=105 000+(73 000-24 000)-(87 000-65 000)=132 000(元)

净利润=利润总额-所得税费用=390 000-132 000=258 000(元)

（2）编制 2018 年度的利润表：

编制的 2018 年度的利润表如表 15-8 所示。

表 15-8　利　润　表

2018 年度　　　　单位：元

项　　目	本年金额
一、营业收入	2 874 000
减：营业成本	2 011 000
税金及附加	183 000
销售费用	152 000
管理费用	169 000
财务费用（收益以"－"号填列）	16 000
信用减值损失	12 000
资产减值损失	35 000
加：公允价值变动净收益（净损失以"－"号填列）	－22 000
投资净收益（净损失以"－"号填列）	156 000
二、营业利润（亏损以"－"号填列）	430 000
加：营业外收入	50 000
减：营业外支出	90 000
三、利润总额（亏损总额以"－"号填列）	390 000
减：所得税费用	132 000
四、净利润（净亏损以"－"号填列）	258 000
五、每股收益：	
（一）基本每股收益	略
（二）稀释每股收益	略

【训练 3】　练习直接法下现金流量表的编制

（1）销售商品、提供劳务收到的现金＝400 000＋68 000＋（20 000－15 000）－［（285 000＋15 000）－（190 000＋10 000）］＝373 000（元）

注：应收账款还原为减去坏账准备之前的金额。

（2）购买商品、接受劳务支付的现金＝225 000＋35 700＋（7 500－5 000）－（47 500－（32 500＋1 000））＋（21 000－13 500）－25 000－7 500＝224 200（元）

注：

① 洪涝灾害损失 1 000 元为非经营活动产生，应调整。

② 产品成本中包括的薪酬部分应作为支付给职工的项目反映，这里应扣除。

（3）支付给职工以及为职工支付的现金＝42 500＋12 750－（15 300－2 550）＝42 500（元）

（4）支付的各项税费＝（68 000－35 700）－（2 350－1 900）＝31 850（元）

【训练 4】　练习间接法下现金流量表的编制

编制的现金流量表如表 15-9 所示。

表 15-9 现金流量表 单位：元

补充资料	本年金额
将净利润调节为经营活动现金流量：	
净利润	8 650 000
加：资产减值准备	40 000
固定资产折旧、油气资产折耗、生产性生物资产折旧	450 000
无形资产摊销	15 000
长期待摊费用摊销	0
处置固定资产、无形资产和其他长期资产的损失(收益以"－"号填列)	0
固定资产报废损失(收益以"－"号填列)	4 500
公允价值变动损失(收益以"－"号填列)	0
财务费用(收益以"－"号填列)	0
投资损失(收益以"－"号填列)	0
递延所得税资产减少(增加以"－"号填列)	0
递延所得税负债增加(减少以"－"号填列)	0
存货的减少(增加以"－"号填列)	110 000
经营性应收项目的减少(增加以"－"号填列)	－300 000
经营性应付项目的增加(减少以"－"号填列)	－180 000
其他	15 000
经营活动产生的现金流量净额	8 804 500

本章小结

资产负债表是反映企业在某一特定日期财务状况的财务报表。资产负债表各项目期末数据的填列方法可以归纳为 5 种方法。

利润表是反映企业一定会计期间经营成果的财务报表。利润表"本期金额"栏内各项数字一般应根据损益类账户发生额分析填列。

现金流量表是反映企业一定会计期间现金流入与流出情况的财务报表。按照收付实现制，以现金及现金等价物为基础编制的。现金流量表主表是采用直接法编制的，分别经营、投资、筹资活动，从现金流入和流出两个方面列报现金收支项目和各类活动产生的现金流量净额。直接法通过现金收入和现金支出的主要类别反映来自企业经营活动的现金流量。采用直接法编制经营活动的现金流量表时，一般以利润表中的营业收入为起算点，调整与经营活动有关项目的增减变动，然后计算出经营活动的现金流量。

所有者权益变动表是反映企业所有者权益各组成项目在一定会计期间内增减变动情况的财务报表。

思考题

1. 简述资产负债表列报的内容,说明其编制方法。
2. 简述利润表列报的内容,说明其编制方法。
3. 简述现金流量表列报的内容,说明其编制方法。

第16章 会计调整实训

学习目标

- 理解会计调整的含义和内容。
- 掌握会计政策变更、会计估计变更和会计差错的含义。
- 掌握追溯调整法、未来适用法、追溯重述法的应用范围及调整方法。

16.1 会计调整的含义和内容

会计调整指对已经做出会计处理的事项按规定进行调整。包括会计政策变更、会计估计变更、会计差错更正、资产负债表日后事项的调整。

会计政策变更是指企业对相同的交易或者事项由原来采用的会计政策改用另一会计政策的行为。

会计估计变更是指由于资产和负债的当前状况及预期经济利益和义务发生了变化，从而对资产或负债的账面价值或者资产的定期消耗金额进行调整。

会计差错是指由于没有运用或错误运用会计信息，而对前期财务报表造成的省略或错报。对于重要的会计差错，企业应当采用追溯重述法进行更正。

资产负债表日后事项是指资产负债表日至财务报告批准报出日之间发生的有利或不利事项。资产负债表日后事项涵盖的期间是自资产负债表日次日起至财务报告批准报出日止的一段时间。企业发生资产负债表日后调整事项，应当调整资产负债表日已编制的财务报表。

企业可以采用以下具体方法划分会计政策变更与会计估计变更：分析并判断该事项是否涉及会计确认、计量基础选择或列报项目的变更。当至少涉及上述一项划分基础变更时，该事项是会计政策变更；不涉及上述划分基础变更时，该事项可以判断为会计估计变更。

会计政策、会计估计与会计差错的相关内容如表16-1所示。

表 16-1　会计政策、会计估计与会计差错的相关内容比较

会计调整类别	相关内容
会计政策	长期股权投资核算方法、坏账损失核算方法、合并政策、外币折算方法、所得税核算方法、存货计价方法、借款费用核算方法、固定资产折旧方法、无形资产摊销方法等
会计估计	存货可变现净值的确定；采用公允价值模式下的投资性房地产公允价值来确定；固定资产的预计使用寿命与净残值；固定资产的折旧方法；使用寿命有限的无形资产的预计使用寿命与净残值；合同完工进度的确定；权益工具公允价值的确定；预计负债初始计量的最佳估计数的确定；金融资产公允价值的确定；非同一控制下企业合并成本的公允价值的确定等
会计差错	采用法律或会计准则等行政法规、规章所不允许的会计政策；账户分类以及计算错误；会计估计错误；在期末应计项目与递延项目未予调整；漏记已完成的交易；对事实的忽视和误用；提前确认尚未实现的收入或不确认已实现的收入；资本性支出与收益性支出划分差错等

16.2　会计调整的方法

会计调整的处理方法有追溯调整法、未来适用法和追溯重述法。

追溯调整法指对某项交易或事项变更会计政策时，如同该交易或事项初次发生时就开始采用新的会计政策，并以此对以前的相关项目进行调整。追溯调整法的运用通常由以下几步构成：计算会计政策变更的累积影响数、编制相关项目的调整分录、调整列报前期最早期初财务报表相关项目及其金额、附注说明。

未来适用法是指不考虑会计调整对以前期间的影响，只把会计调整应用于当期和未来期间相关的交易或者事项。在未来适用法下，不需要计算会计政策变更产生的累积影响数，也无须重编以前年度的财务报表。企业会计账簿记录及财务报表上反映的金额，变更之日仍保留原有的金额，不因会计政策变更而改变以前年度的既定结果，并在现有金额的基础上再按新的会计政策进行核算。

追溯重述法是指在发现前期差错时，视同该项前期差错从未发生过，从而对财务报表相关项目进行更正的方法。

会计调整处理方法的适用情况可归纳如表 16-2 所示。

表 16-2　会计调整处理方法的适用情况

会计调整类别	会计处理方法
会计政策调整	一般采用追溯调整法，如果确定变更对以前各期累积影响数不切实可行的，应采用未来适用法
会计估计调整	未来适用法
会计差错更正	重要的前期差错：追溯重述法 不重要的前期差错：未来适用法(视为当期发生的差错进行更正)

16.3 实训活动

活动要求

- 掌握会计政策变更的会计处理。
- 掌握会计估计变更的会计处理。

活动内容

【训练 1】 练习会计政策变更的会计处理

乙公司在中心商业区拥有一幢高档写字楼用于出租，该投资性房地产自 2017 年开始计提折旧，入账价值为成本 20 000 000 元(假定和当时该项投资性房地产的公允价值一致)，采用成本模式计量，按照年限平均法，分 40 年计提折旧(假定折旧计提方法符合税法规定，不考虑净残值)。2019 年年初，根据房地产交易市场的活跃度和成熟度，该公司决定对该项投资性房地产改为公允价值模式进行计量。假设无其他暂时性差异和纳税调整事项，盈余公积的提取比例为 10%，所得税税率为 25%。2017—2019 年，该投资性房地产分别按两种计量模式处理的相关信息见表 16-3。

表 16-3 投资性房地产分别按两种计量模式处理的相关信息 单位：元

年份	成本计量模式		公允价值计量模式	
	年折旧额	年末账面价值	年末公允价值	公允价值变动损益
2017	500 000.00	19 500 000.00	20 100 000.00	100 000.00
2018	500 000.00	19 000 000.00	20 280 000.00	180 000.00
2019	500 000.00	18 500 000.00	20 350 000.00	70 000.00

要求：根据上述资料，编制该公司 2019 年年初变更会计政策的相关会计分录，并列示 2019 年年末财务报表附注应说明的内容。

【训练 2】 练习会计估计变更的会计处理

振兴机械有一台管理用设备，原始价值为 168 000 元，预计使用寿命为 8 年，净残值为 8 000 元，自 2012 年 1 月 1 日起按直线法计提折旧。2016 年 1 月，由于新技术的发展等原因，需要对原预计使用寿命和净残值做出修正，修改后的预计使用寿命为 6 年，净残值为 4 000 元。假定税法允许按变更后的折旧额在税前扣除。

要求：对该变更作出相应的会计处理，并说明会计报告附注应说明的内容。

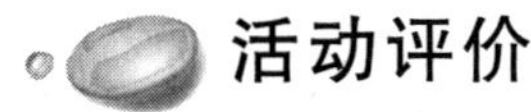

活动评价

【训练 1】 练习会计政策变更的会计处理

投资性房地产计量模式的变更属于会计政策变更，该公司应按追溯调整法进行相关会计处理。

(1) 计算会计政策变更累积影响数，见表 16-4。

表 16-4　会计政策变更累积影响数计算表　　单位：元

年份	年折旧额	年末账面价值	年末公允价值	公允价值变动损益	所得税前差异	所得税影响数	净利润影响数
2017	500 000	19 500 000	20 100 000	100 000	600 000	150 000	450 000
2018	500 000	19 000 000	20 280 000	180 000	680 000	170 000	510 000
合计	1 000 000			280 000	1 280 000	320 000	960 000
2019	500 000	18 500 000	20 350 000	70 000	570 000	142 500	427 500

(2) 2019 年年初变更会计政策时，应编制的调整分录：

借：投资性房地产——成本　　20 000 000
　　贷：投资性房地产　　20 000 000
借：投资性房地产——公允价值变动　　280 000
　　投资性房地产累计折旧　　1 000 000
　　贷：利润分配——未分配利润　　960 000
　　　　递延所得税负债　　320 000
借：利润分配——未分配利润　　96 000
　　贷：盈余公积　　96 000

(3) 对于该项会计政策变更、财务报表附注的说明，具体如下：

2019 年，乙公司根据市场状况，决定将投资性房地产改为公允价值模式计量。此项会计政策变更采用追溯调整法处理，2019 年的比较财务报表已经重新表述。2019 年该项会计政策变更的累积影响数为 960 000 元。该项会计政策变更对 2017、2018 年净利润的影响分别为调增 450 000 元、510 000 元，调增 2019 年期初留存收益 960 000 元，其中调增未分配利润 864 000 元，调增 2019 年当年净利润 427 500 元。

【训练 2】 练习会计估计变更的会计处理

振兴机械对上述会计估计变更的会计处理如下：

(1) 不调整以前各期折旧，也不计算累积影响数。

(2) 变更日以后发生的经济业务改按新估计使用寿命提取折旧。

按原估计，每年折旧额为 20 000 元，已提折旧 4 年，共计 80 000 元，固定资产净值为 88 000 元，则第 5 年相关账户的期初余额如下：

固定资产　　168 000

减：累计折旧　　80 000

固定资产净值　　88 000

改变估计使用寿命后，2016 年 1 月 1 日起每年计提的折旧费用为 42 000 元[(88 000－4 000)÷(6－4)]。2016 年不必对以前年度已提折旧进行调整，只需按重新预计的尚可使用寿命和净残值计算确定年折旧费用。编制会计分录如下：

借：管理费用　　42 000

　　贷：累计折旧　　42 000

(3) 附注说明。

本公司一台管理用设备，原始价值为 168 000 元，原预计使用寿命为 8 年，预计净残值为 8 000 元，按直线法计提折旧。由于新技术的发展，该设备已不能按原预计使用寿命计提折旧，本公司于 2016 年年初变更该设备的使用寿命为 6 年，预计净残值为 4 000 元，以反映该设备的真实耐用寿命和净残值。此估计变更影响本年度净利润减少数为 16 500 元[(42 000－20 000)×(1－25%)]。

本章小结

会计调整指对已经做出会计处理的事项按规定进行调整。包括会计政策变更、会计估计变更、会计差错更正、资产负债表日后事项的调整。

会计调整的处理方法有追溯调整法、未来适用法及追溯重述法。

思考题

1. 说明会计政策变更累积影响数的计算方法和披露途径。
2. 说明会计估计变更的含义及会计处理方法。
3. 说明会计差错列报包括的内容。

第17章

会计实训模拟练习

学习目标

- 了解港口制造企业的业务核算特点。
- 掌握会计核算方法在港口制造企业会计工作中的应用。
- 掌握企业会计准则在港口制造企业实际经济业务核算中的应用。

17.1 模拟实训目标企业基本情况及期初资料

17.1.1 实训目标企业基本情况简介

1. 企业概况

实训目标企业为上海振兴港口机械有限公司,公司地址为上海市沿江大道1550号,由南方股份有限公司(投资比例60%)和北方股份有限公司(投资比例40%)共同投资设立。公司经营范围为生产销售港口机械产品及承建相关港口工程项目。

2. 生产业务流程

公司生产销售港机产品,同时承接港口工程项目。本期有两个建造工程项目:A岸桥项目、B龙门吊项目。建造工程项目所发生的生产费用通过“合同履约成本”账户进行归集,期末按完工百分比法确认本期收入和费用,A岸桥项目完工百分比按已发生成本占工程总成本的比例确定,B桥吊项目完工百分比按已完成的工作量确定。生产港口机械产品所发生的生产费用通过“基本生产成本”账户进行归集,完工产品成本转入“库存商品”。制造费用期末按生产工人工资比例分配计入“合同履约成本”和“基本生产成本”。

生产过程中耗用的原料及主要材料有结构钢板、钢板、起重机悬臂吊等,辅助材料有电缆、束节、接头、钢管等。库存商品主要有龙门式起重机、盾构等。固定资产分为机器设备、厂房、码头、运输设备和其他，机器设备主要有卷板机、折弯机、自动埋弧焊机、重型钢板轧平机、数控钻床、液压平板车等。

A岸桥项目由江南港口有限公司委托建造；B龙门吊项目由华南港口有限公司委托建造。

3. 有关会计核算

1）公司开户银行

基本存款户：中国工商银行上海市分行江南支行，账号：1102 0245 6666 4567 999。

纳税专户：招商银行上海市分行东方支行，账号：6225 1234 5678 111。

2）减值准备计提

公司年末进行资产减值的核算。对应收账款和其他应收款计提坏账准备，计提比例为3%。

3）所得税纳税申报

公司按月进行所得税纳税申报。

4）利润分配

公司按年度进行利润分配，按税后利润的10%计提法定盈余公积。

5）账户明细核算

考虑到本实训教材主要为中级财务会计课程服务，涉及成本的内容在成本会计实训教材中会体现，所以对下列账户的明细账作了简化处理，不进行明细核算：原材料、基本生产成本、库存商品、固定资产、累计折旧、无形资产、累计摊销等。

4. 会计科目表

上海振兴港口机械有限公司会计科目名称及编号如表17-1所示。

表17-1 上海振兴港口机械有限公司会计科目名称及编号表

序号	科目代码	账户名称	序号	科目代码	账户名称
		一、资产类	11	1403	原材料
1	1001	库存现金	12	1405	库存商品
2	1002	银行存款	13	1412	低值易耗品
3	1012	其他货币资金	14	1451	合同资产
4	1101	交易性金融资产	15	1471	存货跌价准备
5	1121	应收票据	16	1501	债权投资
6	1122	应收账款	17	1511	长期股权投资
7	1123	预付账款	18	1512	长期股权投资减值准备
8	1221	其他应收款	19	1601	固定资产
9	1231	坏账准备	20	1602	累计折旧
10	1402	在途物资	21	1603	固定资产减值准备

续表

序号	科目代码	账户名称	序号	科目代码	账户名称
22	1604	在建工程			四、成本类
23	1701	无形资产	44	5001	生产成本
24	1702	累计摊销	45	5101	制造费用
25	1703	无形资产减值准备	46	5201	合同履约成本
26	1811	递延所得税资产	47	5301	研发支出
27	1901	待处理财产损溢			五、损益类
		二、负债类	48	6001	主营业务收入
28	2001	短期借款	49	6051	其他业务收入
29	2201	应付票据	50	6101	公允价值变动损益
30	2202	应付账款	51	6111	投资收益
31	2204	合同负债	52	6301	营业外收入
32	2211	应付职工薪酬	53	6401	主营业务成本
33	2221	应交税费	54	6402	其他业务成本
34	2241	其他应付款	55	6403	税金及附加
35	2501	长期借款	56	6601	销售费用
36	2801	预计负债	57	6602	管理费用
37	2901	递延所得税负债	58	6603	研发费用
		三、所有者权益类	59	6604	财务费用
38	4001	实收资本	60	6701	信用减值损失
39	4002	资本公积	61	6702	资产减值损失
40	4003	其他综合收益	62	6711	营业外支出
41	4101	盈余公积	63	6801	所得税费用
42	4103	本年利润	64	6901	以前年度损益调整
43	4104	利润分配			

17.1.2　实训目标企业 2018 年 11 月 30 日账户余额

1. 总分类账户余额

上海振兴港口机械有限公司 2018 年 11 月 30 日总账数据资料如表 17-2 所示。

表 17-2　上海振兴港口机械有限公司 2018 年 11 月 30 日总账余额表　单位：元

编号	科目名称	借方余额	贷方余额
	一、资产类		
1001	库存现金	44 556.54	
1002	银行存款	10 335 412.49	
1012	其他货币资金	1 832 095.13	
1101	交易性金融资产	125 846.00	
1121	应收票据	0.00	
1122	应收账款	1 461 495.01	

续表

编号	科目名称	借方余额	贷方余额
1123	预付账款	16 531.60	
1132	应收利息	61 312.00	
1221	其他应收款	153 671.28	
1231	坏账准备		48 454.99
1403	原材料	615 356.00	
1405	库存商品	3 169 590.58	
1412	低值易耗品	13 058.07	
1451	合同资产	621 127.91	
1471	存货跌价准备		22 250.00
1482	持有待售资产减值准备		0.00
1501	债权投资	0.00	
1511	长期股权投资	1 356 545.32	
1512	长期股权投资减值准备		0.00
1528	其他权益工具投资	0.00	
1601	固定资产	18 478 163.92	
1602	累计折旧		6 685 997.34
1603	固定资产减值准备		41 875.90
1604	在建工程	2 378 942.22	
1701	无形资产	1 138 942.15	
1702	累计摊销		39 039.73
1703	无形资产减值准备		9 505.12
1811	递延所得税资产	27 957.65	
	二、负债类		
2001	短期借款		1 800 000.00
2201	应付票据		132 500.00
2202	应付账款		2 649 421.64
2203	预收账款		0.00
2211	应付职工薪酬		987 638.21
2221	应交税费		1 145 800.00
2232	应付利息		46 800.00
2241	其他应付款		635 633.00
2501	长期借款		1 820 000.00
2701	长期应付款		136 481.21
2801	预计负债		0.00
2901	递延所得税负债		15 698.54
	三、所有者权益类		
4001	实收资本		15 000 000.00
4002	资本公积		3 613 400.00
4003	其他综合收益		31 458.80
4101	盈余公积		1 520 763.18
4103	本年利润		5 072 324.88

续表

编号	科目名称	借方余额	贷方余额
4104	利润分配		1 872 489.16
	四、成本类		
5001	生产成本	1 256 459.21	
5101	制造费用	0.00	
5201	合同履约成本	89 041.97	
5301	研发支出	151 426.65	
	合计	43 327 531.70	43 327 531.70

注：坏账准备 11 月末余额为 48 454.99 元，其中："坏账准备——应收账款"余额为 43 844.85 元，"坏账准备——其他应收款"余额为 4 610.14 元。公司年末计提坏账准备。

2. 部分明细分类账户 2018 年 11 月 30 日余额

上海振兴港口机械有限公司 2018 年 11 月 30 日明细账数据资料如表 17-3 至表 17-16 所示(金额单位为"元")。

表 17-3　银行存款明细账

单　　位	借方余额
工商银行	8 115 113.11
招商银行	2 220 299.38
合计	10 335 412.49

表 17-4　交易性金融资产明细账

名　　称	借方余额
成本	160 000.00
公允价值变动	34 154.00
合计	125 846.00

表 17-5　应收账款明细账

单　　位	借方余额
东华港口有限公司	283 867.66
江南港口有限公司	153 035.37
华南港口有限公司	135 256.58
其他	889 335.40
合计	1 461 495.01

表 17-6　长期股权投资明细账

名　　称	借方余额
成本	1 350 000.00
损益调整	6 545.32
合计	1 356 545.32

表 17-7 固定资产明细账

名 称	借方余额
房屋建筑物	10 864 493.94
机器设备	5 510 665.92
运输设备	1 148 820.82
办公设备	954 183.24
合计	18 478 163.92

表 17-8 合同履约成本明细账

名 称	借方余额
B 龙门吊项目	89 041.97
合计	89 041.97

表 17-9 研发支出明细账

名 称	借方余额
资本化支出	151 426.65
合计	151 426.65

表 17-10 合同结算明细账

名 称	借方余额
A 岸桥项目	425 345.95
B 龙门吊项目	195 781.96
合计	621 127.91

表 17-11 短期借款明细账

单 位	贷方余额
工商银行	1 800 000.00
合计	1 800 000.00

表 17-12 应交税费明细账

税 种	贷方余额
应交增值税	990 000.00
应交城市维护建设税	69 300.00
应交所得税	56 800.00
应交教育费附加	29 700.00
合计	1 145 800.00

表 17-13　应付票据明细账

单　　位	贷方余额
苏橙公司	132 500.00
合计	132 500.00

表 17-14　应付账款明细账

单　　位	贷方余额
上海兴隆钢结构制作有限公司	807 841.90
常熟恒富机械制造有限公司	156 534.92
江苏莱特钢板制造有限公司	356 148.88
上海高维机械有限公司	135 986.65
昆山市溶解乙炔有限公司	235 381.42
武汉铁锚焊接材料销售有限责任公司	76 840.47
上海伟鼎电气科技有限公司	286 253.47
上海为富贸易有限公司	332 995.39
上海舜发建筑安装工程公司	119 374.44
凤琪实业有限公司	98 460.48
其他	43 603.62
合计	2 649 421.64

表 17-15　其他应付款明细账

名　　称	贷方余额
保证金	3 000.00
社会保险费	476 415.00
住房公积金	148 218.00
其他	8 000.00
合计	635 633.00

表 17-16　应付职工薪酬明细账

名　　称	贷方余额
职工工资	987 638.21
合计	987 638.21

17.1.3　实训目标企业 2018 年 11 月 30 日资产负债表

上海振兴港口机械有限公司 2018 年 11 月 30 日资产负债表如表 17-17 所示。

表 17-17　资产负债表

编制单位：上海振兴港口机械有限公司　　　2018 年 11 月 30 日　　　单位：元

资　产	金　额	负债和所有者权益	金　额
流动资产：		流动负债：	
货币资金	12 212 064.16	短期借款	1 800 000.00
交易性金融资产	125 846.00	交易性金融负债	—
应收票据	0.00	应付票据	132 500.00
应收账款	1 417 650.16	应付账款	2 649 421.64
预付账款	16 531.60	预收账款	—
应收利息	61 312.00	应付职工薪酬	987 638.21
其他应收款	149 061.14	应交税费	1 145 800.00
存货	5 032 213.86	应付利息	46 800.00
持有待售资产	0.00	其他应付款	635 633.00
合同资产	621 127.91	持有待售负债	—
其他流动资产	0.00	其他流动负债	—
流动资产合计	19 635 806.83	流动负债合计	7 397 792.85
非流动资产：		非流动负债：	
债权投资	0.00	长期借款	1 820 000.00
其他债权投资	0.00	长期应付款	136 481.21
长期股权投资	1 356 545.32	预计负债	0.00
其他权益工具投资	0.00	递延所得税负债	15 698.54
固定资产	11 750 290.68	其他非流动负债	
在建工程	2 378 942.22	非流动负债合计	1 972 179.75
无形资产	1 090 397.30		
长期待摊费用	0.00	负债合计	9 369 972.60
递延所得税资产	27 957.65	所有者权益：	
待处理财产损溢	0.00	实收资本	15 000 000.00
开发支出	151 426.65	资本公积	3 613 400.00
其他非流动资产	89 041.97	其他综合收益	31 458.80
		盈余公积	1 520 763.18
非流动资产合计	16 844 601.79	未分配利润	6 944 814.04
		其他权益工具	—
		所有者权益合计	27 110 436.02
资产合计	36 480 408.62	负债和所有者权益合计	36 480 408.62

17.2　实训目标企业 2018 年 12 月份经济业务内容

上海振兴港口机械有限公司 2018 年 12 月份发生的日常经济业务如下：

【业务 1】　12 月 1 日，签发现金支票一张，提取现金 15 000 元备用。（原始凭证：现金支票存根）

【业务 2】　12 月 1 日购入闵津有限公司同日发行的 3 年期公司债券。购入时工商账户支付价款 210 484 元（包括交易时的相关税费 400 元），划分为债权投资。债券票面价值总额为 200 000 元，票面年利率为 10%，市场利率为 8%，半年付息一次。（原始凭证：转账支票存根）

【业务 3】　12 月 1 日，上海振兴港口机械有限公司设备部王宣根因手术向振兴港口机械有限公司申请借款 20 000 元，借款已由银行转账支付。（原始凭证：转账支票存根、借款单）

【业务 4】　12 月 2 日，上海振兴港口机械有限公司与上海兴隆钢结构制作有限公司签订承包工程合同，约定由上海兴隆钢结构制作有限公司提供 A 岸桥项目码头甲板清理及撑杆安装等服务，税费合计为 79 062.42 元，款项未付。（原始凭证：结算审批单、增值税专用发票、承包工程合同）

【业务 5】　12 月 4 日，上海振兴港口机械有限公司办公室陈姗姗报销快递费 142 元，快递费已由现金支付。（原始凭证：增值税专用发票、费用报销单）

【业务 6】　12 月 7 日，企业接受中国启航汽车股份有限公司捐赠汽车一辆，价款 200 000 元，增值税进项税额 32 000 元。（原始凭证：增值税专用发票）

【业务 7】　12 月 8 日，购入保利地产股票 120 000 股，每股 7.853 元，另发生交易费用 9 600 元，并将其划分为交易性金融资产。（原始凭证：交易单）

【业务 8】　12 月 9 日，11 月签发的商业汇票 12 600 元到期支付，承兑银行转来的付款通知。（原始凭证：付款通知、转账支票存根）

【业务 9】　12 月 10 日，公司自公开市场购入中国交建股票 21 650 股，每股 11.20 元，实际支付价款 242 480 元。公司将该股票投资分类为以公允价值计量且其变动计入其他综合收益的金融资产。（原始凭证：交易单）

【业务 10】　12 月 10 日，上缴上月的社会保险费和住房公积金。（原始凭证：11 月份保险费和住房公积金结算表、转账支票存根、社会保险费缴费申报表、社会保险费缴费凭证）

【业务 11】　12 月 11 日，按照合同约定由常熟市恒富机械制造有限公司为公司 A 岸桥项目提供注浆槽机加工服务，加工费税费合计 230 881.64 元，款项尚未支付。（原始凭证：结算审批表、增值税专用发票）

【业务 12】 12 月 11 日，按照合同约定由江苏莱特钢板制造有限公司为 B 龙门吊项目提供格栅板踏步板加工服务，加工费税费合计 145 219.81 元，款项尚未支付。（原始凭证：结算审批表、增值税专用发票）

【业务 13】 12 月 11 日，由上海高维机械有限公司为公司施工场所提供道路划线服务，服务费税费合计 222 680.17 元，已取得增值税发票，款项尚未支付。（原始凭证：增值税专用发票、划线汇总清单）

【业务 14】 12 月 12 日，向东华港口有限公司销售产品，货款 3 568 900 元，增值税税率 16%，款项尚未收到。同时结转成本 2 524 580 元。（原始凭证：增值税专用发票、发货单）

【业务 15】 12 月 13 日，由上海兴隆钢结构制作有限公司为 A 岸桥项目提供结构件清洗服务，服务费税费合计 3 480.79 元，款项尚未支付。（原始凭证：增值税专用发票、结算审批单、承包合同）

【业务 16】 12 月 13 日，申报并缴纳上个月的增值税 990 000 元。（原始凭证：增值税纳税申报表、银行扣款通知单）

【业务 17】 12 月 13 日，申报并缴纳上个月的城市维护建设税 69 300 元，教育费附加 29 700 元。（原始凭证：城建税和教育费附加申报表、银行扣款通知）

【业务 18】 12 月 15 日，企业购买中国中车股票 60 000 股，成交股价为每股 8 元，企业作为短期投资持有。（原始凭证：交易单）

【业务 19】 12 月 15 日，现金清查实际盘点金额为 59 164.54 元，编制库存现金盘点表，并做会计处理。（原始凭证：现金盘点报告表）

【业务 20】 12 月 15 日，收到 A 岸桥项目合同价款 2 800 000 元。（原始凭证：银行进账单）

【业务 21】 12 月 15 日，上海振兴港口机械有限公司从昆山市溶解乙炔有限公司购买乙炔等原材料，收到了昆山市溶解乙炔有限公司开具的增值税发票，发票税费合计为 255 200.00 元，款项尚未支付。（原始凭证：增值税专用发票、材料验收入库单）

【业务 22】 12 月 15 日，以工商银行存款支付职工薪酬 987 638.21 元。（原始凭证：转账支票存根、职工薪酬支付单）

【业务 23】 12 月 16 日，向南华港口有限公司销售产品，增值税率 16%，价税合计为 734 127.25 元，款项收到且存入银行。（原始凭证：增值税专用发票、银行进账单）

【业务 24】 12 月 17 日，上海振兴港口机械有限公司向上海东兴世界汽车销售服务有限公司支付生产车间皮卡车和集卡车维修费，价税合计为 98 946.96 元，以转账支票支付。（原始凭证：转账支票存根、增值税专用发票、维修结算单）

【业务 25】 12 月 17 日，上海振兴港口机械有限公司向上海东兴世界汽车销售服务有限公司支付运输车辆保养费，费用价税合计为 15 762.89 元，已经由银行转账支付。

（原始凭证：银行转账凭证、增值税专用发票、维修结算单）

【业务 26】 12 月 17 日，行政办公室报销质检中心招待费 4 352.20 元，以银行电汇方式结算。（原始凭证：增值税专用发票、转账支票存根）

【业务 27】 12 月 18 日，上海振兴港口机械有限公司外协单位宝新发展有限公司人员因未按规范操作，按规定给予罚款 500 元，款项并未收到。（原始凭证：罚款通知单）

【业务 28】 12 月 18 日，上海振兴港口机械有限公司退回综合办事处职工谭曾等 44 人 IC 卡押金共 560 元，以现金支付。（原始凭证：IC 卡押金名单）

【业务 29】 12 月 18 日，上海振兴港口机械有限公司从上海振信新帅气体有限公司购买液态二氧化碳原材料，已收到上海振信新帅气体有限公司开具的增值税发票，发票税费合计为 204 160 元，款项尚未支付。（原始凭证：增值税专用发票、验收入库单）

【业务 30】 12 月 18 日，上海振兴港口机械有限公司向上海宝山自来水有限公司支付 2018 年 12 月份生产车间水费，费用价税合计为 644 923.65 元，由银行转账支付。（原始凭证：银行转账凭证、增值税专用发票）

【业务 31】 12 月 18 日，15 日财产清查亏损的 250 元现金，无法查明原因，经批准作为管理费用处理。（原始凭证：盘亏处理申请单）

【业务 32】 12 月 18 日，收到应收的 B 龙门吊项目合同价款 5 000 000 元。（原始凭证：银行收款通知单）

【业务 33】 12 月 19 日，财务核算部姜坤向财务部报销差旅费 1 400.52 元，职工教育经费 600 元，共计 2 000.52 元，以银行存款支付。（原始凭证：差旅费报销单、收据）

【业务 34】 12 月 19 日，上海振兴港口机械有限公司向武汉铁锚焊接材料销售有限责任公司购买电焊条 CJ507 等原材料，且已收到武汉铁锚焊接材料销售有限责任公司开具的增值税发票，发票税费合计为 212 280 元，款项尚未支付。（原始凭证：增值税专用发票、原材料入库单）

【业务 35】 12 月 19 日，上海振兴港口机械有限公司从上海伟鼎电气科技有限公司购买药芯焊丝等原材料，且已收到上海伟鼎电气科技有限公司开具的增值税发票，发票税费合计为 374 680 元，款项尚未支付。（原始凭证：增值税专用发票、原材料入库单）

【业务 36】 12 月 19 日，支付上海天际环境保护有限公司为本公司车间进行危险废弃物处理费用，价税合计为 115 950.42 元，已由银行转账支付。（原始凭证：银行转账凭证、报销凭证、废酸处置情况表）

【业务 37】 12 月 19 日，上海振兴港口机械有限公司与江苏苏橙空调有限公司签订采购合同，约定从苏橙公司购买生产用配件，价税合计为 464 000 元。配件已经验收入库，振兴港口机械有限公司已收到增值税发票，且签发了商业汇票。（原始凭证：增值税专用发票、原材料入库单）

【业务 38】 12 月 20 日，收到江南港口股份有限公司欠的货款 464 000 元。（原始凭

证：银行进账单）

【业务 39】 12 月 21 日与中国工商银行签订了为期三个月的流动资金借款合同，金额为 5 000 000 元，借款已经转入企业的账户。（原始凭证：借款合同、银行进账单）

【业务 40】 12 月 21 日，上海振兴港口机械有限公司与上海为富贸易有限公司签订了采购合同，振兴港口机械有限公司从为富贸易公司采购线缆检测分析仪器设备五套，设备价税合计为 314 600 元，设备已竣工验收，款项以银行存款支付。（原始凭证：增值税专用发票、设备竣工验收单，转账支票存根）

【业务 41】 12 月 22 日，向上海顺通贸易有限公司支付车间测模仪里氏硬度检测费，价税合计为 12 150 元，已由银行转账。（原始凭证：银行转账凭证、报销凭证）

【业务 42】 12 月 22 日，车间安全保障部王雪莲报销环境保护培训差旅费，费用合计为 341 元，以现金支付。（原始凭证：培训通知、差旅报销单据）

【业务 43】 12 月 22 日，上海振兴港口机械有限公司退回上海舜发建筑安装工程公司质保金 11 090 元，由银行转账支付。（原始凭证：转账支票存根）

【业务 44】 12 月 22 日，上海振兴港口机械有限公司焊工之家职工魏均偿还公司的借款 40 000 元，款项已通过银行转账。（原始凭证：银行进账单）

【业务 45】 12 月 22 日，归还流动资金借款 1 000 000 元。该借款是 2017 年 12 月 23 日从中国工商银行借入，到期一次还本付息。利息共计为 50 000 元（其中当月应负担 3 200 元）。（原始凭证：转账支票存根）

【业务 46】 12 月 23 日，结算凤琪实业有限公司为公司 A 岸桥项目和 B 龙门吊项目进行钢结构制作的费用，工程制作费用价税合计为 712 200.42 元，款项尚未支付。（原始凭证：增值税专用发票）

【业务 47】 12 月 23 日，从技术市场购买了盾构专利技术，双方协商结算价格为 6 000 000 元，以银行转账支票结算。（原始凭证：转账支票存根、盾构专利技术购买协议）

【业务 48】 12 月 24 日，上海振兴港口机械有限公司委托上海博兴汽车修理公司对车间运输车辆进行年审。税费合计为 25 200 元，费用已经由银行转账支付。（原始凭证：转账支票存根、增值税专用发票）

【业务 49】 12 月 25 日，向中国红十字会捐款 30 000 元，以银行存款转账支付。（原始凭证：转账支票存根）

【业务 50】 12 月 27 日，上海东兴船舶有限公司退还押金 1 000 元，已接到银行通知。（原始凭证：银行进账单）

【业务 51】 12 月 27 日，上海振兴港口机械有限公司办公室本部报销办公费 1 118 元及业务招待费 2 200 元，费用共计 3 318 元，已由现金支付。（原始凭证：增值税专用发票）

【业务 52】 12 月 28 日，上海振兴港口机械有限公司以银行存款转账支付 2018 年 7—12 月的工会经费，共计 56 798.92 元。（原始凭证：银行付款回单）

【业务 53】　12 月 28 日，上海振兴港口机械有限公司收到上海瑞生商贸公司废料预收款，共计 200 000.00 元。（原始凭证：银行进账单）

【业务 54】　12 月 31 日，本月领用原材料 1 062 674.25 元。（原始凭证：发料凭证汇总表）

【业务 55】　12 月 31 日，本月专利权摊销 50 000 元。（原始凭证：专利权摊销表）

【业务 56】　12 月 31 日，分配本月职工薪酬费用，同时将社会保险费、住房公积金和工会经费转入其他应付款。（原始凭证：12 月份职工薪酬结算表、12 月份企业负担社会保险费和住房公积金计算表、12 月份工会经费计算表、12 月份职工薪酬费用汇总表、职工薪酬费用分配表）

【业务 57】　12 月 31 日，将本月应付的社会保险费、住房公积金、工会经费和个人所得税转出。（原始凭证：12 月份应付社会保险费、住房公积金、工会经费和个人所得税汇总表）

【业务 58】　12 月 31 日，计提本月固定资产折旧费用。（原始凭证：折旧费用计算表）

【业务 59】　12 月 31 日，计算分配本月应付上海电力公司电费，费用价税合计为 403 826.16 元，费用尚未支付。（原始凭证：增值税专用发票、电费分配表）

【业务 60】　12 月 31 日，分配本月制造费用（分配标准：生产工人薪酬）。（原始凭证：制造费用分配表）

【业务 61】　12 月 31 日，结转本月完工产品成本。（原始凭证：完工产品成本计算表）

【业务 62】　12 月 31 日，月末按完工百分比法确认 A 岸桥项目的收入，同时结转成本。A 岸桥项目合同总金额为 8 643 250 元。（原始凭证：收入成本计算表）

【业务 63】　12 月 31 日，月末按完工百分比法确认 B 龙门吊项目的收入，同时结转成本。B 龙门吊项目合同总金额为 12 503 210 元。（原始凭证：收入成本计算表）

【业务 64】　12 月 31 日，与江南港口有限公司结算 A 岸桥项目本年工程款 2 500 000 元。（原始凭证：工程项目结算表）

【业务 65】　12 月 31 日，与华南港口有限公司结算 B 龙门吊项目本年工程款 1 950 000 元。（原始凭证：工程项目结算表）

【业务 66】　12 月 31 日，按年末应收账款、其他应收款的 3% 计算应计提的坏账准备，同时确认递延所得税。（原始凭证：坏账准备计提金额计算表）

【业务 67】　12 月 31 日，计算本月应交的城建税及教育费附加。（原始凭证：城建税及教育费附加计算表）

【业务 68】　12 月 31 日，交易性金融资产的公允价值为 1 306 562 元，确认公允价值变动损益，同时确认递延所得税。（原始凭证：公允价值变动表）

【业务 69】　12 月 31 日，本月发生研发支出 2 057 340 元，其中不符合资本化条件的研发支出 692 415 元，符合资本化条件的研发支出为 1 364 925 元。各项支出均通过银行

转账。(原始凭证：转账支票存根)

【业务 70】 12 月 31 日，对公司 11 月 30 日购入同日发行的 3 年期公司债券确认利息并摊销溢价，债券面值为 1 200 000 元，购入成本为 1 262 902 元。票面利率为 10%，市场利率为 8%，半年付息一次。(原始凭证：债权投资利息调整摊销表、本月利息调整摊销金额计算表)

【业务 71】 12 月 31 日，部分库存商品出现减值迹象，其账面价值为 276 503.28 元，可变现净值为 256 321.42 元。同时确认递延所得税。(原始凭证：库存商品减值计算表)

【业务 72】 公司持有华普公司 20%的普通股股份，采用权益法核算。12 月 31 日公司对华普公司长期股权投资的账面价值为 1 356 545.32 元，2018 年度华普公司亏损额为 100 918 元。(原始凭证：长期股权投资损益调整计算表)

【业务 73】 12 月 31 日，公司的部分固定资产出现减值迹象，公司计提了 98 573 元的固定资产减值准备。同时确认递延所得税。(原始凭证：固定资产减值计算表)

【业务 74】 12 月 31 日，计算并结转本月应缴纳的企业所得税。(原始凭证：所得税纳税申报表)

【业务 75】 12 月 31 日，将损益类账户的余额结转至本年利润账户。(原始凭证：损益类账户本期发生额表)

【业务 76】 12 月 31 日，结转本年利润，包括 1—11 月份的净利润 5 072 324.88 元。(原始凭证：本年利润账户本年金额计算表)

【业务 77】 12 月 31 日，按照全年净利润的 10%提取法定盈余公积金，按照全年净利润的 5%提取任意盈余公积金。(原始凭证：盈余公积计提金额计算表)

【业务 78】 12 月 31 日，结转利润分配其他明细账余额至“利润分配——未分配利润”账户。

17.3　记录及证明经济业务发生的原始凭证

1-1　现金支票存根

中国工商银行
现金支票存根
10205689
00251238
附加信息：提取现金备用金

出票日期 2018 年 12 月 1 日

收款人：上海振兴港口机械有限公司
金额：15 000.00
用途：备用金

单位主管(章)会计(章)

2-1　转账支票存根

中国工商银行
转账支票存根
10205689
00342218
附加信息：购入闵津有限公司债券

出票日期 2018 年 12 月 1 日

收款人：闵津有限公司
金额：210 484.00
用途：购买债券

单位主管(章)会计(章)

3-1　转账支票存根

中国工商银行
转账支票存根
10205689
00342219
附加信息：王宣根借款

出票日期 2018 年 12 月 1 日

收款人：王宣根
金额：20 000.00
用途：手术借款

单位主管(章)会计(章)

3-2　借款单

借　款　单

2018 年 12 月 1 日

部门	设备部门	
借款理由	手术借款	
借款金额	人民币(大写) 贰万圆整　¥ 20 000.00	
领导批示：同意		财务主管(签章)

部门主管：(章)　　出纳：(章)　　领款人：王宣根

4-1　结算审批单

承包合同结算审批单

2018 年 12 月 2 日　　金额单位：元

项目名称	合同内容	数量	质量/kg	人工/工	结算款	不含税价
A 岸桥项目	甲板清理及撑杆安装				79 062.42	68 157.26
总计金额	79 062.42	大写：柒万玖仟零陆拾贰圆肆角贰分			79 062.42	68 157.26
分管副总(签章)	生产部门(签章)	核算合同部(签章)		结算审核(签章)	经办人(签章)	施工方(签章)

4-2　增值税专用发票

上海增值税专用发票

发 票 联

开票日期：2018 年 12 月 1 日

<table>
<tr><td>购货单位</td><td colspan="5">名　　　称：上海振兴港口机械有限公司
纳税人识别号：（略）
地 址 、电 话：（略）
开户行及账号：（略）</td><td>密码区</td><td colspan="2">（略）</td></tr>
<tr><td colspan="2">货物或应税劳务名称</td><td>规格型号</td><td>单位</td><td>数量</td><td>单价</td><td>金额</td><td>税率</td><td>税额</td></tr>
<tr><td colspan="2">加工费</td><td></td><td></td><td></td><td></td><td>68 157.26</td><td>16%</td><td>10 905.16</td></tr>
<tr><td colspan="2">合计</td><td></td><td></td><td></td><td></td><td>¥68 157.26</td><td></td><td>¥10 905.16</td></tr>
<tr><td colspan="2">价税合计(大写)</td><td colspan="5">柒万玖仟零陆拾贰圆肆角贰分</td><td colspan="2">（小写）¥79 062.42</td></tr>
<tr><td>销货单位</td><td colspan="4">名　　　称：上海兴隆钢结构制作有限公司
纳税人识别号：（略）
地 址 、电 话：（略）
开户行及账号：（略）</td><td>备注</td><td colspan="3">（略）</td></tr>
</table>

第三联：发票联　购货方记账凭证

收款人：　　　　复核：　　　　开票人：（略）　　　　销货单位(章)：

4-3　承包工程合同(略)

5-1　增值税专用发票

上海增值税专用发票

发 票 联

开票日期：2018 年 12 月 4 日

<table>
<tr><td>购货单位</td><td colspan="5">名　　　称：上海振兴港口机械有限公司
纳税人识别号：（略）
地 址 、电 话：（略）
开户行及账号：（略）</td><td>密码区</td><td colspan="2">（略）</td></tr>
<tr><td colspan="2">货物或应税劳务名称</td><td>规格型号</td><td>单位</td><td>数量</td><td>单价</td><td>金额</td><td>税率</td><td>税额</td></tr>
<tr><td colspan="2">快递费</td><td></td><td></td><td></td><td></td><td>133.96</td><td>6%</td><td>8.04</td></tr>
<tr><td colspan="2">合计</td><td></td><td></td><td></td><td></td><td>¥133.96</td><td></td><td>¥8.04</td></tr>
<tr><td colspan="2">价税合计(大写)</td><td colspan="5">壹佰肆拾贰圆整</td><td colspan="2">（小写）¥142.00</td></tr>
<tr><td>销货单位</td><td colspan="4">名　　　称：上海兴隆钢结构制作有限公司
纳税人识别号：（略）
地 址 、电 话：（略）
开户行及账号：（略）</td><td>备注</td><td colspan="3">（略）</td></tr>
</table>

第三联：发票联　购货方记账凭证

收款人：　　　　复核：　　　　开票人：（略）　　　　销货单位(章)：

5-2 费用报销单

费用报销单

报销部门：办公室　　2018 年 12 月 4 日　　填单据及附件共____页

<table>
<tr><td>用途</td><td>金额/元</td><td rowspan="2">备注</td><td colspan="3" rowspan="2"></td></tr>
<tr><td>快递费</td><td>142.00</td></tr>
<tr><td></td><td></td><td rowspan="3">部门审核</td><td rowspan="3"></td><td rowspan="3">领导审批</td><td rowspan="3"></td></tr>
<tr><td></td><td></td></tr>
<tr><td>合　计</td><td>142.00</td></tr>
<tr><td colspan="2">金额大写(人民币)：壹佰肆拾贰圆整</td><td colspan="2">原借款： 0 元</td><td colspan="2">应退余款： 0 元</td></tr>
</table>

会计主管：　会计：　出纳：　报销人：陈姗姗　领款人：陈姗姗

6-1 增值税专用发票

上海增值税专用发票

发 票 联　　开票日期：2018 年 12 月 7 日

<table>
<tr><td>购货单位</td><td colspan="5">名　　称：上海振兴港口机械有限公司
纳税人识别号：(略)
地 址 、电 话：(略)
开户行及账号：(略)</td><td>密码区</td><td colspan="2">(略)</td></tr>
<tr><td colspan="2">货物或应税劳务名称</td><td>规格型号</td><td>单位</td><td>数量</td><td>单价</td><td>金额</td><td>税率</td><td>税额</td></tr>
<tr><td colspan="2">接受捐赠</td><td></td><td></td><td></td><td></td><td>200 000.00</td><td>16%</td><td>32 000.00</td></tr>
<tr><td colspan="2">合　计</td><td></td><td></td><td></td><td></td><td>¥200 000.00</td><td></td><td>¥32 000.00</td></tr>
<tr><td colspan="2">价税合计(大写)</td><td colspan="5">贰拾叁万贰仟圆整</td><td colspan="2">(小写)¥232 000.00</td></tr>
<tr><td>销货单位</td><td colspan="5">名　　称：中国启航汽车股份有限公司
纳税人识别号：(略)
地 址 、电 话：(略)
开户行及账号：(略)</td><td>备注</td><td colspan="2"></td></tr>
</table>

第三联：发票联　购货方记账凭证

收款人：　复核：　开票人：(略)　销货单位(章)：

7-1 交易单

成交日期	股票代码	名称	操作	成交量/股	成交均价/(元/股)	成交金额/元
2018/12/8	600048	保利地产	买入	120 000	7.853	942 360.00

8-1　银行付款通知

托收凭证(付款通知)

委托日期：2018 年 11 月 9 日　　付款日期：2018 年 12 月 9 日

<table>
<tr><td colspan="2">业务类型</td><td colspan="4">委托收款(□邮划、□电划)</td><td colspan="12">托收承付(□邮划、□电划)</td></tr>
<tr><td rowspan="3">收款人</td><td>全称</td><td colspan="4">苏橙公司</td><td rowspan="3">付款人</td><td>全称</td><td colspan="10">上海振兴港口机械有限公司</td></tr>
<tr><td>账号</td><td colspan="4">1102 0245 8888 4557 000</td><td>账号</td><td colspan="10">1102 0245 6666 4567 999</td></tr>
<tr><td>地址</td><td></td><td></td><td colspan="2"></td><td>地址</td><td colspan="10">上海市沿江大道 1550 号</td></tr>
<tr><td rowspan="2">金额</td><td colspan="5" rowspan="2">人民币(大写)：壹万贰仟陆佰圆整</td><td>亿</td><td>千</td><td>百</td><td>十</td><td>万</td><td>千</td><td>百</td><td>十</td><td>元</td><td>角</td><td>分</td></tr>
<tr><td></td><td></td><td></td><td>¥</td><td>1</td><td>2</td><td>6</td><td>0</td><td>0</td><td>0</td><td>0</td></tr>
<tr><td colspan="2">款项内容</td><td>货款</td><td>托收凭证名称</td><td colspan="2">银行承兑汇票</td><td colspan="5">附寄单证张数</td><td colspan="7">1</td></tr>
<tr><td colspan="3">商品发运情况</td><td colspan="3"></td><td colspan="5">合同名称号码</td><td colspan="7"></td></tr>
<tr><td colspan="3">备注：
付款人开户银行收到日期：

2018 年 12 月 9 日

复核(章)　　记账(章)</td><td colspan="4">付款人开户银行签章(章)</td><td colspan="11">付款人注意：
1. 根据支付结算方法，上列委托收款(托收承付)在付款期内未提出拒付，即视为同意付款，以此代付款通知。
2. 如需提出全部或部分拒付，应在规定期限内，将拒付理由书并附证明退交开户银行。</td></tr>
</table>

8-2　转账支票存根

中国工商银行
转账支票存根
10205689
00812220
附加信息：________
____
____
出票日期 2018 年 12 月 9 日

收款人：苏橙公司
金额：12 600.00
用途：支付货款

单位主管(章)会计(章)

9-1　交易单

成交日期	股票代码	名称	操作	成交量/股	成交均价/(元/股)	成交金额/元
2018/12/10	601800	中国交建	买入	21 650	11.20	242 480.00

10-1　11 月份社会保险费和住房公积金结算表(自行编制)

单位：元

部门	明细	职工人数	缴费基数	企业负担保险	企业负担公积金	个人负担保险	个人负担公积金	应缴社会保险费合计	应缴住房公积金合计
				34%	7%	11%	7%		
制造车间	管理人员	20	100 600.00						
	生产工人	240	812 300.00						
	小计	260	912 900.00						
管理部门		8	88 500.00						
销售部门		10	57 300.00						
合计		278	1 058 700.00						

10-2　转账支票存根(自行填写金额)

招商银行
转账支票存根
23521567
30155088
附加信息：

出票日期 2018 年 12 月 10 日

收款人：上海市住房公积金管理中心
金额：
用途：住房公积金

单位主管　会计

10-3 社会保险费缴费申报表

社会保险费缴费申报表

填表日期：2018 年 12 月 10 日　　　　单位：元

<table>
<tr><td colspan="2">缴费单位(人)全称</td><td colspan="2">上海振兴港口机械有限公司</td><td colspan="6">缴费所属期间：2018 年 11 月 1 日至 2018 年 11 月 30 日</td></tr>
<tr><td rowspan="2">费别</td><td rowspan="2">项目</td><td>缴费人数</td><td>缴费基数</td><td>缴费率/%</td><td>应缴金额</td><td>批准缓缴金额</td><td>已缴金额</td><td>实缴金额</td><td>欠缴金额</td></tr>
<tr><td>(1)</td><td>(2)</td><td>(3)</td><td>(4) =(2)×(3)</td><td>(5)</td><td>(6)</td><td>(7)</td><td>(8)</td></tr>
<tr><td rowspan="2">基本养老保险</td><td>单位</td><td>278</td><td>1 058 700.00</td><td>20</td><td>211 740.00</td><td></td><td></td><td>211 740.00</td><td></td></tr>
<tr><td>个人</td><td>278</td><td>1 058 700.00</td><td>8</td><td>84 696.00</td><td></td><td></td><td>84 696.00</td><td></td></tr>
<tr><td rowspan="2">医疗保险费</td><td>单位</td><td>278</td><td>1 058 700.00</td><td>10</td><td>105 870.00</td><td></td><td></td><td>105 870.00</td><td></td></tr>
<tr><td>个人</td><td>278</td><td>1 058 700.00</td><td>2</td><td>21 174.00</td><td></td><td></td><td>21 174.00</td><td></td></tr>
<tr><td rowspan="2">失业保险费</td><td>单位</td><td>278</td><td>1 058 700.00</td><td>2</td><td>21 174.00</td><td></td><td></td><td>21 174.00</td><td></td></tr>
<tr><td>个人</td><td>278</td><td>1 058 700.00</td><td>1</td><td>10 587.00</td><td></td><td></td><td>10 587.00</td><td></td></tr>
<tr><td colspan="2">工伤保险费</td><td>278</td><td>1 058 700.00</td><td>1</td><td>10 587.00</td><td></td><td></td><td>10 587.00</td><td></td></tr>
<tr><td colspan="2">生育保险费</td><td>278</td><td>1 058 700.00</td><td>1</td><td>10 587.00</td><td></td><td></td><td>10 587.00</td><td></td></tr>
<tr><td colspan="2">合计</td><td></td><td></td><td>45</td><td>476 415.00</td><td></td><td></td><td>476 415.00</td><td></td></tr>
<tr><td colspan="5">如缴费单位(人)填报，请填写下列各栏</td><td colspan="5">如委托代理人填报，请填写下列各栏</td></tr>
<tr><td colspan="3">单位(人)
(盖章)</td><td colspan="2">经办人</td><td>代理人名称
代理人地址</td><td colspan="4">代理人
(盖章)</td></tr>
</table>

10-4　社会保险费缴费凭证

单位：元

转账日期：2018 年 12 月 10 日			
纳税人识别号			
付款人全称：	上海振兴港口机械有限公司		
付款人账号：	6225 1234 5678 111	征收机关名称：	上海市社保局
付款人开户银行：	招商银行上海市分行东方支行	收款国库(银行名称)	
小写(合计)金额：	476 415.00	缴款书交易流水号	
大写(合计)金额：	肆拾柒万陆仟肆佰壹拾伍圆整	税票号码	
税(费)种名称：		所属时期	实缴金额
基本养老保险基金	20%+8%=28%	20181101—20181130	296 436.00
基本医疗保险基金	10%+2%=12%	20181101—20181130	127 044.00
失业保险基金	2%+1%=3%	20181101—20181130	31 761.00
工伤保险基金	1%	20181101—20181130	10 587.00
生育保险基金	1%	20181101—20181130	10 587.00

11-1　结算审批表

承包合同结算审批单

2018 年 12 月 11 日　　金额单位：元

项目名称	合同内容	数量	质量/kg	人工/工	结算款	不含税价
其他项目(盾构)	注浆槽机加工服务				230 881.64	199 035.90
总计金额	230 881.64	大写：贰拾叁万零捌佰捌拾壹圆陆角肆分			230 881.64	199 035.90
分管副总 (签章)	生产部门 (签章)	核算合同部 (签章)		结算审核 (签章)	经办人 (签章)	施工方 (签章)

11-2　增值税专用发票

上海增值税专用发票

发 票 联

开票日期：2018 年 12 月 11 日

<table>
<tr><td>购货单位</td><td colspan="5">名　　　称：上海振兴港口机械有限公司
纳税人识别号：(略)
地 址 、电 话：(略)
开户行及账号：(略)</td><td>密码区</td><td colspan="2">(略)</td></tr>
<tr><td colspan="2">注浆槽机加工服务

合　计</td><td>规格型号</td><td>单位</td><td>数量</td><td>单价</td><td>金额
199 035.90

￥199 035.90</td><td>税率
16%</td><td>税额
31 845.74

￥31 845.74</td></tr>
<tr><td colspan="2">价税合计(大写)</td><td colspan="5">贰拾叁万零捌佰捌拾壹圆陆角肆分</td><td colspan="2">(小写)￥230 881.64</td></tr>
<tr><td>销货单位</td><td colspan="5">名　　　称：常熟市恒富机械制造有限公司
纳税人识别号：(略)
地 址 、电 话：(略)
开户行及账号：(略)</td><td>备注</td><td colspan="2">(略)</td></tr>
</table>

第三联：发票联　购货方记账凭证

收款人：　　　　复核：　　　　开票人：(略)　　　　销货单位(章)：

12-1　结算审批表

承包合同结算审批表

2018 年 12 月 11 日　　　　金额单位：元

<table>
<tr><td>项目名称</td><td>合同内容</td><td>数量</td><td>质量/kg</td><td>人工/工</td><td>结算款</td><td>不含税价</td></tr>
<tr><td>B 龙门吊项目</td><td>格栅板踏步板加工服务</td><td></td><td></td><td></td><td>145 219.81</td><td>125 189.49</td></tr>
<tr><td></td><td></td><td></td><td></td><td></td><td></td><td></td></tr>
<tr><td></td><td></td><td></td><td></td><td></td><td></td><td></td></tr>
<tr><td>总计金额</td><td>145 219.81</td><td colspan="3">大写：拾肆万伍仟贰佰壹拾玖圆捌角壹分</td><td>145 219.81</td><td>125 189.49</td></tr>
<tr><td>分管副总
(签章)</td><td>生产部门
(签章)</td><td colspan="2">核算合同部
(签章)</td><td>结算审核
(签章)</td><td>经办人
(签章)</td><td>施工方
(签章)</td></tr>
</table>

12-2　增值税专用发票

上海增值税专用发票

发　票　联

开票日期：2018 年 12 月 11 日

<table>
<tr><td rowspan="4">购货单位</td><td colspan="5">名　　　　称：上海振兴港口机械有限公司</td><td rowspan="4">密码区</td><td colspan="2" rowspan="4">（略）</td></tr>
<tr><td colspan="5">纳税人识别号：（略）</td></tr>
<tr><td colspan="5">地 址 、电 话：（略）</td></tr>
<tr><td colspan="5">开户行及账号：（略）</td></tr>
<tr><td colspan="2">格栅板踏步加工服务</td><td>规格型号</td><td>单位</td><td>数量</td><td>单价</td><td>金额
125 189.49</td><td>税率
16%</td><td>税额
20 030.32</td></tr>
<tr><td colspan="2">合　计</td><td></td><td></td><td></td><td></td><td>¥125 189.49</td><td></td><td>¥20 030.32</td></tr>
<tr><td colspan="2">价税合计（大写）</td><td colspan="4">拾肆万伍仟贰佰壹拾玖圆捌角壹分</td><td colspan="3">（小写）¥145 219.81</td></tr>
<tr><td rowspan="4">销货单位</td><td colspan="5">名　　　　称：江苏莱特钢板制造有限公司</td><td rowspan="4">备注</td><td colspan="2" rowspan="4">（略）</td></tr>
<tr><td colspan="5">纳税人识别号：（略）</td></tr>
<tr><td colspan="5">地 址 、电 话：（略）</td></tr>
<tr><td colspan="5">开户行及账号：（略）</td></tr>
</table>

第三联：发票联　购货方记账凭证

收款人：　　　　复核：　　　　开票人：（略）　　　　销货单位（章）：

13-1　增值税专用发票

上海增值税专用发票

发　票　联

开票日期：2018 年 12 月 11 日

<table>
<tr><td rowspan="4">购货单位</td><td colspan="5">名　　　　称：上海振兴港口机械有限公司</td><td rowspan="4">密码区</td><td colspan="2" rowspan="4">（略）</td></tr>
<tr><td colspan="5">纳税人识别号：（略）</td></tr>
<tr><td colspan="5">地 址 、电 话：（略）</td></tr>
<tr><td colspan="5">开户行及账号：（略）</td></tr>
<tr><td colspan="2">道路划线</td><td>规格型号</td><td>单位</td><td>数量</td><td>单价</td><td>金额
216 194.34</td><td>税率
3%</td><td>税额
6 485.83</td></tr>
<tr><td colspan="2">合　计</td><td></td><td></td><td></td><td></td><td>¥216 194.34</td><td></td><td>¥6 485.83</td></tr>
<tr><td colspan="2">价税合计（大写）</td><td colspan="4">贰拾贰万贰仟陆佰捌拾圆壹角柒分</td><td colspan="3">（小写）¥222 680.17</td></tr>
<tr><td rowspan="4">销货单位</td><td colspan="5">名　　　　称：上海高维机械有限公司</td><td rowspan="4">备注</td><td colspan="2" rowspan="4">（略）</td></tr>
<tr><td colspan="5">纳税人识别号：（略）</td></tr>
<tr><td colspan="5">地 址 、电 话：（略）</td></tr>
<tr><td colspan="5">开户行及账号：（略）</td></tr>
</table>

第三联：发票联　购货方记账凭证

收款人：　　　　复核：　　　　开票人：（略）　　　　销货单位（章）：

13-2 划线汇总清单

12 月份道路划线汇总表

序号	名　　称	长度/米	单价/(元/米)	金额/元
1	道路划线	34 114	2.59	88 355.26
2	人行过道线、停车位线	28 205	2.88	81 230.40
3	废旧道路线遮盖	74 781	0.71	53 094.51
4				
5				
合计				222 680.17

14-1 增值税专用发票

上海增值税专用发票

发 票 联

开票日期：2018 年 12 月 12 日

<table>
<tr><td>购货单位</td><td colspan="5">名　　称：东华港口有限公司
纳税人识别号：(略)
地 址 、电 话：(略)
开户行及账号：(略)</td><td>密码区</td><td colspan="2">(略)</td></tr>
<tr><td colspan="2">货物或应税劳务名称
销售货物

合　计</td><td>规格型号
(略)</td><td>单位</td><td>数量</td><td>单价</td><td>金额
3 568 900.00

¥3 568 900.00</td><td>税率
16%</td><td>税额
571 024.00

¥571 024.00</td></tr>
<tr><td colspan="2">价税合计(大写)</td><td colspan="5">肆佰壹拾叁万玖仟玖佰贰拾肆圆整</td><td colspan="2">(小写) ¥4 139 924.00</td></tr>
<tr><td>销货单位</td><td colspan="5">名　　称：上海振兴港口机械有限公司
纳税人识别号：(略)
地 址 、电 话：(略)
开户行及账号：(略)</td><td>备注</td><td colspan="2">(略)</td></tr>
</table>

第三联：发票联 购货方记账凭证

收款人：　　复核：　　开票人：(略)　　销货单位(章)：

14-2 发货单

出　库　单

收货单位：东华港口有限公司　　2018 年 12 月 12 日　　单位：元

编号	种类	产品名称	规格	型号	出库数量	单位	单价	成本总额
1		(略)						2 524 580
备注：						合计		2 524 580

财务负责人：　　记账：　　收货人：(略)　　填单：(略)

15-1 结算审批单

承包合同结算审批单

2018 年 12 月 13 日　　　　金额单位：元

项目名称	合同内容	数量	质量/kg	人工/工	结算款	不含税价
A 岸桥项目	结构件清洗服务				3 480.79	3 000.68
总计金额	3 480.79	大写：叁仟肆佰捌拾圆柒角玖分			3 480.79	3 000.68
分管副总（签章）	生产部门（签章）	核算合同部（签章）		结算审核（签章）	经办人（签章）	施工方（签章）

15-2 增值税专用发票

上海增值税专用发票

发 票 联

开票日期：2018 年 12 月 13 日

购货单位	名　　称：上海振兴港口机械有限公司 纳税人识别号：（略） 地 址 、电 话：（略） 开户行及账号：（略）				密码区	（略）	
结构件清洗服务 合　计	规格型号	单位	数量	单价	金额 3 000.68 ¥3 000.68	税率 16%	税额 480.11 ¥480.11
价税合计（大写）	叁仟肆佰捌拾圆柒角玖分					（小写）¥3 480.79	
销货单位	名　　称：上海兴隆钢结构制作有限公司 纳税人识别号：（略） 地 址 、电 话：（略） 开户行及账号：（略）				备注	（略）	

第三联：发票联　购货方记账凭证

收款人：　　复核：　　开票人：（略）　　销货单位（章）：

15-3 承包合同（略）

16-1 增值税纳税申报表

增 值 税 纳 税 申 报 表

（一般纳税人适用）

根据国家税收法律法规及增值税相关规定制定本表。纳税人不论有无销售额，均应按税务机关核定的纳税期限填写本表，并向当地税务机关申报。

税款所属时间：自 2018 年 11 月 1 日至 2018 年 11 月 30 日　　填表日期　2018 年 12 月 13 日　　金额单位：元（至角分）

纳税人识别号	91310112051234H		所属行业：港航业		
纳税人名称	上海振兴港口机械有限公司（公章）	法定代表人姓名		注册地址		生产经营地址	
开户银行及账号	招商银行上海市分行东方支行 622512345678111	登记注册类型		电话号码	

项目		栏次	一般项目		即征即退项目	
			本月数	本年累计	本月数	本年累计
销售额	（一）按适用税率计税销售额	1	6 568 630.80	（略）		
	其中：应税货物销售额	2	5 985 420.00			
	应税劳务销售额	3	583 210.00			
	纳税检查调整的销售额	4				
	（二）按简易办法计税销售额	5				
	其中：纳税检查调整的销售额	6				
	（三）免、抵、退办法出口销售额	7			—	—
	（四）免税销售额	8			—	—
	其中：免税货物销售额	9			—	—
	免税劳务销售额	10			—	—
税款计算	销项税额	11	1 258 462.00			
	进项税额	12	268 462.00			
	上期留抵税额	13				—
	进项税额转出	14				
	免、抵、退应退税额	15			—	—
	按适用税率计算的纳税检查应补缴税额	16			—	—

续表

项目		栏次	一般项目		即征即退项目	
			本月数	本年累计	本月数	本年累计
税款计算	应抵扣税额合计	17＝12＋13－14－15＋16		—		—
	实际抵扣税额	18(如 17<11,则为 17，否则为 11)				
	应纳税额	19＝11－18	990 000.00			
	期末留抵税额	20＝17－18				—
	按简易计税办法计算的应纳税额	21				
	按简易计税办法计算的纳税检查应补缴税额	22			—	—
	应纳税额减征额	23				
	应纳税额合计	24＝19＋21－23	990 000.00			
税款缴纳	期初未缴税额(多缴为负数)	25				
	实收出口开具专用缴款书退税额	26			—	—
	本期已缴税额	27＝28＋29＋30＋31				
	① 分次预缴税额	28		—		—
	② 出口开具专用缴款书预缴税额	29		—	—	—
	③ 本期缴纳上期应纳税额	30				
	④ 本期缴纳欠缴税额	31				
	期末未缴税额(多缴为负数)	32＝24＋25＋26－27				

续表

项　目		栏次	一般项目		即征即退项目	
			本月数	本年累计	本月数	本年累计
税款缴纳	其中：欠缴税额(≥0)	33=25+26−27		—		—
	本期应补(退)税额	34=24−28−29		—		—
	即征即退实际退税额	35	—	—		
	期初未缴查补税额	36			—	—
	本期入库查补税额	37			—	—
	期末未缴查补税额	38=16+22+36−37			—	—

<table>
<tr>
<td>授权声明</td>
<td>如果你已委托代理人申报，请填写下列资料：
为代理一切税务事宜，现授权　　　为本纳税人的代理申报人，任何与本申报表有关的往来文件，都可寄予此人。
(地址)

授权人签字：</td>
<td>申报人声明</td>
<td>本纳税申报表是根据国家税收法律法规及相关规定填报的，我确定它是真实的、可靠的、完整的。

声明人签字：</td>
</tr>
</table>

主管税务机关：　　　　接收人：　　　　接收日期：

16-2　银行扣款通知单

招商银行付款回单

日期：2018 年 12 月 13 日　　业务类型：直接支付　　流水号：（略）
付款账号：622512345678111
户名：上海振兴港口机械有限公司
开户行：招商银行上海市分行东方支行
金额（大写）：玖拾玖万圆整
（小写）：CNY990 000.00
收款人户名：
收款人账号：
收款人开户行：
凭证种类：　　凭证号码：　　业务编号：（略）
简要：增值税

经办：G34567　　第一次打印　　2018-12-13

17-1 城建税和教育费附加申报表

城建税、教育费附加、地方教育附加税(费)申报表

税款所属期限：自 2018 年 11 月 1 日至 2018 年 11 月 30 日　　填表日期：2018 年 12 月 13 日　　金额单位：元(至角分)

<table>
<tr><td>纳税人识别号</td><td>9</td><td colspan="10">1 3 1 0 1 1 2 0 5 1 2 3 4 H</td></tr>
<tr><td rowspan="3">纳税人信息</td><td colspan="2">名称</td><td colspan="3">上海振兴港口机械有限公司</td><td colspan="6">□单位　□个人</td></tr>
<tr><td colspan="2">登记注册类型</td><td colspan="3"></td><td colspan="2">所属行业</td><td colspan="4">港航业</td></tr>
<tr><td colspan="2">身份证件号码</td><td colspan="3"></td><td colspan="2">联系方式</td><td colspan="4"></td></tr>
<tr><td rowspan="3">税(费)种</td><td colspan="5">计税(费)依据</td><td rowspan="3">税率(征收率)</td><td rowspan="3">本期应纳税(费)额</td><td colspan="2" rowspan="2">本期减免税(费)额</td><td rowspan="3">本期已缴税(费)额</td><td rowspan="3">本期应补(退)税(费)额</td></tr>
<tr><td colspan="2">增值税</td><td rowspan="2">消费税</td><td rowspan="2">营业税</td><td rowspan="2">合计</td></tr>
<tr><td>一般增值税</td><td>免抵税额</td><td>减免性质代码</td><td>减免额</td></tr>
<tr><td></td><td>1</td><td>2</td><td>3</td><td>4</td><td>5=1+2+3+4</td><td>6</td><td>7=5×6</td><td>8</td><td>9</td><td>10</td><td>11=7−9−10</td></tr>
<tr><td>城建税</td><td>990 000.00</td><td>0</td><td>0</td><td>0</td><td>990 000.00</td><td>7%</td><td>69 300.00</td><td></td><td></td><td></td><td></td></tr>
<tr><td>教育费附加</td><td>990 000.00</td><td>0</td><td>0</td><td>0</td><td>990 000.00</td><td>3%</td><td>29 700.00</td><td></td><td></td><td></td><td></td></tr>
<tr><td>……</td><td></td><td></td><td></td><td></td><td></td><td></td><td></td><td></td><td></td><td></td><td></td></tr>
<tr><td>合计</td><td colspan="5">—</td><td>—</td><td>99 000.00</td><td colspan="2"></td><td></td><td></td></tr>
<tr><td colspan="12">以下由纳税人填写：</td></tr>
<tr><td colspan="2">纳税人声明</td><td colspan="10">此纳税申报表是根据《中华人民共和国城市维护建设税暂行条例》《国务院征收教育费附加的暂行规定》《财政部关于统一地方教育附加政策有关问题的通知》和国家有关税收规定填报的，是真实的、可靠的、完整的</td></tr>
<tr><td colspan="2">纳税人签章</td><td colspan="2"></td><td colspan="2">代理人签章</td><td colspan="2"></td><td colspan="2">代理人身份证号</td><td colspan="2"></td></tr>
<tr><td colspan="12">以下由税务机关填写：</td></tr>
<tr><td colspan="2">受理人</td><td colspan="2"></td><td colspan="2">受理日期</td><td colspan="2">2018 年 12 月 12 日</td><td colspan="2">受理税务机关签章</td><td colspan="2"></td></tr>
</table>

本表一式两份，一份纳税人留存，一份税务机关留存。

减免性质代码：减免性质代码按照国家税务总局制定下发的最新《减免性质及分类表》中的最细项减免性质代码填报。

17-2　银行扣款通知

招商银行付款回单

日期：2018 年 12 月 13 日　　业务类型：直接支付　　流水号：(略)
付款账号：622512345678111
户名：上海振兴港口机械有限公司
开户行：招商银行上海市分行东方支行
金额(大写)：玖万玖仟圆整
(小写)：CNY99 000.00
收款人户名：
收款人账号：
收款人开户行：
凭证种类：　　凭证号码：　　业务编号：(略)
简要：增值税

经办：G34567　　第一次打印　　2018-12-13

18-1　交易单

成交日期	股票代码	名称	操作	成交量/股	成交均价/(元/股)	成交金额/元
2018/12/15	601766	中国中车	买入	60 000	8.00	480 000.00

19-1　现金盘点报告表(自行编制)

库存现金盘点表

2018 年 12 月 15 日　　单位：元

实存金额	账存金额	实存与账存差额		备注
		盘盈(长款)	盘亏(短款)	

盘点人签章：　　出纳员签章：

20-1 银行进账单

中国工商银行进账单(收账通知)

2018 年 12 月 15 日

<table>
<tr><td rowspan="3">出票人</td><td>全　　称</td><td>江南港口有限公司</td><td rowspan="3">收款人</td><td>全　　称</td><td colspan="11">上海振兴港口机械有限公司</td></tr>
<tr><td>账　　号</td><td>(略)</td><td>账　　号</td><td colspan="11">(略)</td></tr>
<tr><td>开户银行</td><td>(略)</td><td>开户银行</td><td colspan="11">(略)</td></tr>
<tr><td rowspan="2">金额</td><td colspan="4" rowspan="2">人民币(大写):贰佰捌拾万圆整</td><td>亿</td><td>千</td><td>百</td><td>十</td><td>万</td><td>千</td><td>百</td><td>十</td><td>元</td><td>角</td><td>分</td></tr>
<tr><td></td><td>¥</td><td>2</td><td>8</td><td>0</td><td>0</td><td>0</td><td>0</td><td>0</td><td>0</td><td>0</td></tr>
<tr><td colspan="2">票据种类</td><td></td><td>票据张数</td><td>1</td><td colspan="11" rowspan="2"></td></tr>
<tr><td colspan="2">票据号码</td><td colspan="3"></td></tr>
<tr><td colspan="5">复核(章)　　记账(章)</td><td colspan="11"></td></tr>
</table>

此联是收款人开户银行交给收款人的收账通知

21-1 增值税专用发票

上海增值税专用发票

发 票 联

开票日期:2018 年 12 月 15 日

<table>
<tr><td>购货单位</td><td colspan="5">名　　称:上海振兴港口机械有限公司
纳税人识别号:(略)
地 址 、电 话:(略)
开户行及账号:(略)</td><td>密码区</td><td colspan="2">(略)</td></tr>
<tr><td colspan="2">货物或应税劳务名称</td><td>规格型号</td><td>单位</td><td>数量</td><td>单价</td><td>金额</td><td>税率</td><td>税额</td></tr>
<tr><td colspan="2">乙炔</td><td></td><td></td><td></td><td></td><td>220 000.00</td><td>16%</td><td>35 200.00</td></tr>
<tr><td colspan="2">合　计</td><td></td><td></td><td></td><td></td><td>¥220 000.00</td><td></td><td>¥35 200.00</td></tr>
<tr><td colspan="2">价税合计(大写)</td><td colspan="5">贰拾伍万伍仟贰佰圆整</td><td colspan="2">(小写)¥255 200.00</td></tr>
<tr><td>销货单位</td><td colspan="5">名　　称:昆山市溶解乙炔有限公司
纳税人识别号:(略)
地 址 、电 话:(略)
开户行及账号:(略)</td><td>备注</td><td colspan="2">(略)</td></tr>
</table>

第三联:发票联 购货方记账凭证

21-2　验收入库单

原材料入库单

编号：　　　　2018 年 12 月 15 日　　　　金额单位：元

品名	规格型号	单位	数量	单价	金额	备注
乙炔		瓶	4 000	55	220 000.00	

主管：（略）　　仓库：（略）　　记账：　　经手人：（略）

22-1　转账支票存根

中国工商银行
转账支票存根
10205689
00342221
附加信息：________
____
____
出票日期 2018 年 12 月 15 日

收款人：公司职工
金额：987 638.21
用途：支付职工薪酬

单位主管（章）会计（章）

22-2　职工薪酬支付单

11 月份职工薪酬结算表（具体名单略）　　　　单位：元

部门		实发金额
制造车间	管理人员	86 251.56
	生产工人	673 569.46
	小计	759 821.02
管理部门		129 265.32
销售部门		98 551.87
合计		987 638.21

23-1　增值税专用发票

上海增值税专用发票

发 票 联

开票日期：2018 年 12 月 16 日

购货单位	名　　称：南华港口有限公司 纳税人识别号：（略） 地 址 、电 话：（略） 开户行及账号：（略）					密码区	（略）	
货物或应税劳务名称		规格型号	单位	数量	单价	金额	税率	税额
销售货物						632 868.32	16%	101 258.93
合　计						￥632 868.32		￥101 258.93
价税合计（大写）		柒拾叁万肆仟壹佰贰拾柒圆贰角伍分					（小写）￥734 127.25	
销货单位	名　　称：上海振兴港口机械有限公司 纳税人识别号：（略） 地 址 、电 话：（略） 开户行及账号：（略）					备注	（略）	

第三联：发票联　购货方记账凭证

收款人：　　复核：　　开票人：（略）　　销货单位（章）：

23-2　银行进账单

中国工商银行进账单（收账通知）

2018 年 12 月 16 日

出票人	全　　称	南华港口有限公司		收款人	全　　称	上海振兴港口机械有限公司										
	账　　号	（略）			账　　号	（略）										
	开户银行	（略）			开户银行	（略）										
金额	人民币（大写）：柒拾叁万肆仟壹佰贰拾柒圆贰角伍分					亿	千	百	十	万	千	百	十	元	角	分
								￥	7	3	4	1	2	7	2	5
票据种类		票据张数	1													
票据号码																
复核（章）　　记账（章）																

此联是收款人开户银行交给收款人的收账通知

24-1　转账支票存根

中国工商银行
转账支票存根
10205689
00342221
附加信息__________

出票日期 2018 年 12 月 17 日

收款人：上海东兴世界汽车销售服务有限公司
金额：98 946.96
用途：维修费

单位主管(章)会计(章)

24-2　增值税专用发票

上海增值税专用发票

发 票 联

开票日期：2018 年 12 月 17 日

购货单位	名　称：上海振兴港口机械有限公司 纳税人识别号：(略) 地 址 、电 话：(略) 开户行及账号：(略)				密码区	(略)	
货物或应税劳务名称	规格型号	单位	数量	单价	金额	税率	税额
维修费					85 299.10	16%	13 647.86
合　计					¥85 299.10		¥13 647.86
价税合计(大写)	玖万捌仟玖佰肆拾陆圆玖角陆分				(小写)¥98 946.96		
销货单位	名　称：上海东兴世界汽车销售服务有限公司 纳税人识别号：(略) 地 址 、电 话：(略) 开户行及账号：(略)				备注	(略)	

第三联：发票联　购货方记账凭证

收款人：　　复核：　　开票人：(略)　　销货单位(章)：

24-3　维修结算单

上海市汽车维修收费结算单

维修单位：上海东兴世界汽车销售服务有限公司　　　　　　电话：
地址：
开户银行：

账号：
托修单位：上海振兴港口机械有限公司
委托书号：(略)
车牌号码：(略)

表 1　收费结算单

序号	名称	金额/元	优惠	实收/元
1	工时费	895.00		895.00
2	材料费	9 000.70		9 000.70
3	外加工费	35 000.00		35 000.00
4	车辆牵引费	30 000.00		30 000.00
5	施救服务费	509.40		509.40
6	其他	9 894.00		9 894.00
7	合计	85 299.10		85 299.10

表 2　工时费

序号	编码	名称	结算工时	单价/(元/工时)	金额/元
1		发动机修理	100	8.95	895.00
		合计	100		895.00

表 3　材料清单

序号	编码	名称	数量	单价/(元/套)	单位	金额/元
1		发动机大修包	2	342.00	套	684.00
2		曲轴止推片	2	14.00	套	28.00
3		校油泵油嘴	2	2 250.00	台次	4 500.00
4		涡轮增压器	1	2 850.00	件	2 850.00
5		全车皮带	2	135.00	套	270.00
6		三滤	2	145.00	套	290.00
7		水泵	2	189.35	件	8 378.70
		合计	13			9 000.70

备注：小修所更换的配件质保期为 60 天或 10 000 千米

25-1 转账支票存根

中国工商银行
转账支票存根
10205689
00342222
附加信息__________
____
____
出票日期 2018 年 12 月 17 日

收款人：上海东兴世界汽车销售服务有限公司
金额：15 762.89
用途：保养费

单位主管（章）会计（章）

25-2 增值税专用发票

上海增值税专用发票
发 票 联

开票日期：2018 年 12 月 17 日

购货单位	名　　称：上海振兴港口机械有限公司 纳税人识别号：（略） 地 址 、电 话：（略） 开户行及账号：（略）					密码区	（略）	
保养费	规格型号	单位	数量	单价	金额	税率	税额	
					13 588.70	16%	2 174.19	
合　计					￥13 588.70		￥2 174.19	
价税合计（大写）	壹万伍仟柒佰陆拾贰圆捌角玖分					（小写）￥15 762.89		
销货单位	名　　称：上海东兴世界汽车销售服务有限公司 纳税人识别号：（略） 地 址 、电 话：（略） 开户行及账号：（略）					备注	（略）	

第三联：发票联　购货方记账凭证

收款人：　　复核：　　开票人：（略）　　销货单位（章）：

25-3　维修结算单

上海市汽车维修收费结算单

维修单位：上海东兴世界汽车销售服务有限公司　　　　电话：
地址：
开户银行：

账号：
托修单位：上海振兴港口机械有限公司

委托书号：（略）

车牌号码：（略）

表 1　收费结算单

序号	名称	金额/元	优惠	实收/元
1	工时费	900.00		900.00
2	材料费	10 762.90		10 762.90
3	外加工费			
4	车辆牵引费			
5	施救服务费			
6	其他	1 925.80		1 925.80
7	合计	13 588.70		13 588.70

表 2　工时费

序号	编码	名称	结算工时	单价/(元/工时)	金额/元
1		发动机修理	100	9.00	900.00
	合计			900.00	

表 2　材料清单

序号	编码	名称	数量	单价/(元/套或件)	单位	金额/元
1		发动机大修包	1	5 000	套	5 000.00
2		曲轴止推片	1	140	套	140.00
3		全车皮带	1	1 350	套	1 350.00
4		三滤	1	1 450	套	1 450.00
5		水泵	1	2 822.90	件	2 822.90
		合计	5			10 762.90

备注：小修所更换的配件质保期为 60 天或 10 000 千米

26-1　增值税专用发票

上海增值税专用发票

发 票 联

开票日期：2018 年 12 月 17 日

<table>
<tr><td rowspan="4">购货单位</td><td colspan="5">名　　　称：上海振兴港口机械有限公司</td><td rowspan="4">密码区</td><td colspan="2" rowspan="4">（略）</td></tr>
<tr><td colspan="5">纳税人识别号：（略）</td></tr>
<tr><td colspan="5">地 址 、电 话：（略）</td></tr>
<tr><td colspan="5">开户行及账号：（略）</td></tr>
<tr><td colspan="2">货物或应税劳务名称</td><td>规格型号</td><td>单位</td><td>数量</td><td>单价</td><td>金额</td><td>税率</td><td>税额</td></tr>
<tr><td colspan="2">招待费</td><td></td><td></td><td></td><td></td><td>3 956.50</td><td>10%</td><td>395.70</td></tr>
<tr><td colspan="2">合计</td><td></td><td></td><td></td><td></td><td>¥3 956.50</td><td></td><td>¥395.70</td></tr>
<tr><td colspan="2">价税合计(大写)</td><td colspan="5">肆仟叁佰伍拾贰圆贰角</td><td colspan="2">（小写）¥4 352.20</td></tr>
<tr><td rowspan="4">销货单位</td><td colspan="5">名　　　称：上海北方好味道有限公司</td><td rowspan="4">备注</td><td colspan="2" rowspan="4">（略）</td></tr>
<tr><td colspan="5">纳税人识别号：（略）</td></tr>
<tr><td colspan="5">地 址 、电 话：（略）</td></tr>
<tr><td colspan="5">开户行及账号：（略）</td></tr>
</table>

第三联：发票联　购货方记账凭证

26-2　转账支票存根

中国工商银行

转账支票存根

10205689

00342223

附加信息________

____

出票日期 2018 年 12 月 17 日

收款人：上海北方好味道有限公司
金额：4 352.20
用途：招待费

单位主管(章)会计(章)

27-1　罚款通知单

罚款通知单

时间	2018 年 12 月 18 日		
被处罚人姓名			
被处罚人所属单位	宝新发展有限公司汽机岗位		
罚款金额/元	500.00	大写金额	伍佰圆整
缴纳期限	2018 年 12 月 21 日		
备注			
罚款事由			
12 月 18 日，车间主任巡查车间机械操作。早 9:08 点汽机岗位机器开动而无人监管。作如下处理：汽机岗位处罚 500 元。			

28-1　IC 卡押金名单

IC 卡押金名单

2018 年 12 月 18 日

IC 卡号	人员姓名	金额/元
4001	谭曾	40.00
4002	李句	40.00
4003	杜三	40.00
4004	王乙	40.00
4005	赵玲	40.00
4006	钱富	40.00
4007	李月	40.00
4008	白仲	40.00
4009	谭峰	40.00
4010	欧力	40.00
4011	张丽	40.00
4012	费秦	40.00
4013	白云	40.00
4014	李云来	40.00
合计		560.00

29-1　增值税专用发票

上海增值税专用发票

发 票 联

开票日期：2018 年 12 月 18 日

<table>
<tr><td rowspan="4">购货单位</td><td colspan="5">名　　　称：上海振兴港口机械有限公司</td><td rowspan="4">密码区</td><td colspan="2" rowspan="4">（略）</td></tr>
<tr><td colspan="5">纳税人识别号：（略）</td></tr>
<tr><td colspan="5">地 址 、电 话：（略）</td></tr>
<tr><td colspan="5">开户行及账号：（略）</td></tr>
<tr><td colspan="2">货物或应税劳务名称</td><td>规格型号</td><td>单位</td><td>数量</td><td>单价</td><td>金额</td><td>税率</td><td>税额</td></tr>
<tr><td colspan="2">液态二氧化碳</td><td></td><td></td><td></td><td></td><td>176 000.00</td><td>16%</td><td>28 160.00</td></tr>
<tr><td colspan="2">合　计</td><td></td><td></td><td></td><td></td><td>¥176 000.00</td><td></td><td>¥28 160.00</td></tr>
<tr><td colspan="2">价税合计（大写）</td><td colspan="5">贰拾万肆仟壹佰陆拾圆整</td><td colspan="2">（小写）¥204 160.00</td></tr>
<tr><td rowspan="4">销货单位</td><td colspan="5">名　　　称：上海振信新帅气体有限公司</td><td rowspan="4">备注</td><td colspan="2" rowspan="4">（略）</td></tr>
<tr><td colspan="5">纳税人识别号：（略）</td></tr>
<tr><td colspan="5">地 址 、电 话：（略）</td></tr>
<tr><td colspan="5">开户行及账号：（略）</td></tr>
</table>

第三联：发票联　购货方记账凭证

29-2　验收入库单

产品入库单

编号：　　　　2018 年 12 月 18 日　　　　金额单位：元

品名	规格型号	单位	数量	单价	金额	备注
液态二氧化碳		瓶	2000	88	176 000	

30-1　银行转账凭证

中国招商银行

转账支票存根

58856598

21659876

附加信息________

____

____

出票日期 2018 年 12 月 18 日

收款人：上海宝山自来水有限公司
金额：644 923.65
用途：自来水

单位主管（章）会计（章）

30-2　增值税专用发票

上海增值税专用发票

发 票 联

开票日期：2018 年 12 月 18 日

<table>
<tr><td>购货单位</td><td colspan="5">名　　　称：上海振兴港口机械有限公司
纳税人识别号：(略)
地 址 、电 话：(略)
开户行及账号：(略)</td><td>密码区</td><td colspan="2">(略)</td></tr>
<tr><td colspan="2">货物或应税劳务名称
自来水

合　计</td><td>规格型号</td><td>单位</td><td>数量</td><td>单价</td><td>金额
626 139.47

￥626 139.47</td><td>税率
3%</td><td>税额
18 784.18

￥18 784.18</td></tr>
<tr><td colspan="2">价税合计(大写)</td><td colspan="5">陆拾肆万肆仟玖佰贰拾叁圆陆角伍分</td><td colspan="2">(小写)￥644 923.65</td></tr>
<tr><td>销货单位</td><td colspan="5">名　　　称：上海宝山自来水有限公司
纳税人识别号：(略)
地 址 、电 话：(略)
开户行及账号：(略)</td><td>备注</td><td colspan="2">(略)</td></tr>
</table>

第三联：发票联　购货方记账凭证

收款人：　　　　复核：　　　　开票人：(略)　　　　销货单位(章)：

31-1　盘亏处理申请单

盘亏处理申请单

<table>
<tr><td colspan="2">盘亏物品</td><td>现金</td></tr>
<tr><td colspan="2">金额/元</td><td>250.00</td></tr>
<tr><td>理由</td><td colspan="2">2018 年 12 月 15 日清查现金时发现亏损 250 元，但已无法查明原因，故申请核销。</td></tr>
<tr><td>单位审批意见</td><td>(盖章)
2018 年 12 月 18 日</td><td>(盖章)
2018 年 12 月 18 日</td></tr>
</table>

32-1 银行进账单

中国工商银行进账单(收账通知)

2018 年 12 月 18 日

出票人	全称	华南港口有限公司	收款人	全称	上海振兴港口机械有限公司
	账号	(略)		账号	(略)
	开户银行	(略)		开户银行	(略)

金额	亿	千	百	十	万	千	百	十	元	角	分
人民币(大写):伍佰万圆整		¥	5	0	0	0	0	0	0	0	0

票据种类		票据张数	1
票据号码			

复核(略)　　记账(章)

此联是收款人开户银行交给收款人的收账通知

33-1 差旅费报销单

差旅费报销单

2018 年 12 月 19 日

出差人	姜坤	部门	财务核算部	职务	职工	出差事由	培训	附件张数	5

出发站				到达站				交通	交通费		出差补贴		其他费用		
月	日	时	地点	月	日	时	地点	工具	单据张数	金额	天数	金额	项目	单据张数	金额
12	3		上海	12	3		北京	火车	1	450			住宿费	1	450
12	5		北京	12	5		上海	火车	1	450			市内车费	2	50.52
													邮电费		
													办公用品费		
													其他		

报销金额	¥1 400.52	预借金额	¥	补领金额	¥
				退还金额	¥

会计主管:　　审核:　　出纳:　　报销人:姜坤

33-2 收据

收　据

第二联　交款单位

2018 年 12 月 4 日

今收到　上海振兴港口机械有限公司

人民币(大写)　陆佰圆整　¥　600.00

备注　培训费

单位盖章:(略)　　交款人:

34-1　增值税专用发票

上海增值税专用发票

发　票　联

开票日期：2018 年 12 月 19 日

<table>
<tr><td rowspan="4">购货单位</td><td colspan="5">名　　　称：上海振兴港口机械有限公司</td><td rowspan="4">密码区</td><td colspan="2" rowspan="4">（略）</td></tr>
<tr><td colspan="5">纳税人识别号：（略）</td></tr>
<tr><td colspan="5">地 址 、电 话：（略）</td></tr>
<tr><td colspan="5">开户行及账号：（略）</td></tr>
<tr><td colspan="2">货物或应税劳务名称</td><td>规格型号</td><td>单位</td><td>数量</td><td>单价</td><td>金额</td><td>税率</td><td>税额</td></tr>
<tr><td colspan="2">电焊条</td><td>CJ507</td><td></td><td></td><td></td><td>183 000.00</td><td>16%</td><td>29 280.00</td></tr>
<tr><td colspan="2">合　计</td><td></td><td></td><td></td><td></td><td>￥183 000.00</td><td></td><td>￥29 280.00</td></tr>
<tr><td colspan="2">价税合计（大写）</td><td colspan="5">贰拾壹万贰仟贰佰捌拾圆整</td><td colspan="2">（小写）￥212 280.00</td></tr>
<tr><td rowspan="4">销货单位</td><td colspan="5">名　　　称：武汉铁锚焊接材料销售有限责任公司</td><td rowspan="4">备注</td><td colspan="2" rowspan="4">（略）</td></tr>
<tr><td colspan="5">纳税人识别号：（略）</td></tr>
<tr><td colspan="5">地 址 、电 话：（略）</td></tr>
<tr><td colspan="5">开户行及账号：（略）</td></tr>
</table>

第三联：发票联　购货方记账凭证

34-2　验收入库单

原材料入库单

编号：　　　　2018 年 12 月 19 日　　　　金额单位：元

品名	规格型号	单位	数量	单价	金额	备注
电焊条	CJ507		1000	183.00	183 000.00	
合计					183 000.00	

主管：（略）　　仓库：（略）　　记账：　　经手人：（略）

35-1　增值税专用发票

上海增值税专用发票

发 票 联

开票日期：2018 年 12 月 19 日

购货单位	名　　称：上海振兴港口机械有限公司 纳税人识别号：（略） 地 址 、电 话：（略） 开户行及账号：（略）				密码区	（略）	
货物或应税劳务名称	规格型号	单位	数量	单价	金额	税率	税额
药芯焊丝					323 000.00	16%	51 680.00
合　计					￥323 000.00		￥51 680.00
价税合计（大写）	叁拾柒万肆仟陆佰捌拾圆整				（小写）￥374 680.00		
销货单位	名　　称：上海伟鼎电气科技有限公司 纳税人识别号：（略） 地 址 、电 话：（略） 开户行及账号：（略）				备注	（略）	

第三联：发票联　购货方记账凭证

35-2　原材料入库单

原材料入库单

编号：　　　　2018 年 12 月 19 日　　　　金额单位：元

品名	规格型号	单位	数量	单价	金额	备注
药芯焊丝			1 000	323	323 000.00	
合计					323 000.00	

主管：（略）　　仓库：（略）　　记账：　　经手人：（略）

36-1　银行转账凭证

中国工商银行

转账支票存根

10205689

00342225

附加信息＿＿＿＿＿＿

＿＿＿＿＿＿＿＿＿＿

＿＿＿＿＿＿＿＿＿＿

出票日期 2018 年 12 月 19 日

收款人：上海天际环境保护有限公司
金额：115 950.42
用途：危险废弃物处理费用

单位主管（章）会计（章）

36-2 报销凭证

收 据

第二联 交款单位

2018 年 12 月 19 日

今收到 上海振兴港口机械有限公司

人民币(大写) 壹拾壹万伍仟玖佰伍拾圆肆角贰分 ￥115 950.42

备注

单位盖章:(略) 会计: 出纳:(略) 交款人:(略)

36-3 废酸处置情况表(略)

37-1 增值税专用发票

上海增值税专用发票

发 票 联

开票日期:2018 年 12 月 19 日

<table>
<tr><td>购货单位</td><td colspan="5">名 称:上海振兴港口机械有限公司
纳税人识别号:(略)
地 址 、电 话:(略)
开户行及账号:(略)</td><td>密码区</td><td colspan="2">(略)</td></tr>
<tr><td colspan="2">货物或应税劳务名称</td><td>规格型号</td><td>单位</td><td>数量</td><td>单价</td><td>金额</td><td>税率</td><td>税额</td></tr>
<tr><td colspan="2">配件</td><td></td><td></td><td>1</td><td></td><td>400 000.00</td><td>16%</td><td>64 000.00</td></tr>
<tr><td colspan="2">合 计</td><td></td><td></td><td></td><td></td><td>￥400 000.00</td><td></td><td>￥64 000.00</td></tr>
<tr><td colspan="2">价税合计(大写)</td><td colspan="4">肆拾陆万肆仟圆整</td><td colspan="3">(小写)￥464 000.00</td></tr>
<tr><td>销货单位</td><td colspan="4">名 称:苏橙公司
纳税人识别号:(略)
地 址 、电 话:(略)
开户行及账号:(略)</td><td>备注</td><td colspan="3">(略)</td></tr>
</table>

第三联:发票联 购货方记账凭证

收款人: 复核: 开票人:(略) 销货单位(章):

37-2 原材料入库单

原材料入库单

编号: 2018 年 12 月 19 日 金额单位:元

品名	规格型号	单位	数量	单价	金额	备注
配件 1			50	3 000	150 000	
配件 2			50	3 000	150 000	
配件 3			50	2 000	100 000	
合计					400 000	

主管: 仓库: 记账: 经手人:

38-1　银行进账单

中国工商银行进账单(收账通知)

2018 年 12 月 20 日

<table>
<tr><td rowspan="3">出票人</td><td>全　　称</td><td>江南港口有限公司</td><td rowspan="3">收款人</td><td>全　　称</td><td colspan="11">上海振兴港口机械有限公司</td></tr>
<tr><td>账　　号</td><td>(略)</td><td>账　　号</td><td colspan="11">1102 0245 6666 4567 999</td></tr>
<tr><td>开户银行</td><td>(略)</td><td>开户银行</td><td colspan="11">中国工商银行上海市分行江南支行</td></tr>
<tr><td rowspan="2">金额</td><td colspan="4" rowspan="2">人民币(大写)：肆拾陆万肆仟圆整</td><td>亿</td><td>千</td><td>百</td><td>十</td><td>万</td><td>千</td><td>百</td><td>十</td><td>元</td><td>角</td><td>分</td></tr>
<tr><td></td><td></td><td>¥</td><td>4</td><td>6</td><td>4</td><td>0</td><td>0</td><td>0</td><td>0</td><td>0</td></tr>
<tr><td>票据种类</td><td></td><td>票据张数</td><td>1</td><td colspan="12" rowspan="2"></td></tr>
<tr><td>票据号码</td><td colspan="3"></td></tr>
<tr><td colspan="4">复核(章)　　　　记账(章)</td><td colspan="12"></td></tr>
</table>

此联是收款人开户银行交给收款人的收账通知

39-1　借款合同

借款合同

甲方(出借人)：中国工商银行上海市分行

身份证号：

联系地址：

乙方(借款人)：上海振兴港口机械有限公司

身份证号：

联系地址：

丙方(保证人)：

身份证号：

联系地址：

乙方因流动资金周转需要向甲方借款，丙方愿意为乙方借款向甲方提供连带责任保证担保，现甲、乙、丙各方在平等、自愿、等价有偿的基础上，经友好协商，达成如下一致意见，供双方共同信守。

一、借款用途

上海振兴港口机械有限公司因流动资金短缺，急需一笔资金周转，甲方同意出借，但乙方如何使用借款，则与甲方无关。

二、借款金额

乙方向甲方借款金额(大写)人民币伍佰万圆整(小写：¥5 000 000 元)。乙方指定的收款账户如下。

开户银行：中国工商银行上海市分行江南支行

账户名称：基本存款户

账 号：1102 0245 6666 4567 999

三、借款期限

借款期限 3 个月，自 2018 年 12 月 21 日起(以甲方实际出借款项之日起算，乙方应另行出具收条)至 2019 年 3 月 20 日止，逾期未还款的，按本合同第八条处理。

四、还款方式

应按照本协议规定时间主动偿还对甲方的欠款及利息。乙方到期还清所有本协议规定的款项后，甲方收到还款后将借据交给乙方。

甲方指定的还款账户如下。

开户银行：中国工商银行上海市分行江南支行

账户名称：基本存款户

账 号：1102 0245 6666 4567 999

五、借款利息

自支用借款之日起，按实际支用金额计算利息，在合同第三条约定的借款期内月利为 0.36%，利息按月结算。借款方如果不按期还款付息，则每逾期一日按欠款金额的每日万分之八加收违约金。

六、权利义务

贷款方有权监督贷款使用情况，了解借款方的偿债能力等情况，借款方应该如实提供有关的资料。借款方如不按合同规定使用贷款，贷款方有权收回部分贷款，并对违约部分参照银行规定加收罚息。（贷款方提前还款的，应按规定减收利息。）

七、保证条款

1. 借款方自愿用房产做抵押，若到期不能归还贷款方的贷款，则贷款方有权处理抵押品。借款方到期如数归还贷款的，抵押权消灭。

2. 丙方自愿为乙方的借款提供连带责任保证担保，保证期限为自乙方借款期限届满之日起两年。保证担保范围包括借款本金、逾期还款的违约金或赔偿金、甲方实现债权的费用（包括但不限于诉讼费、律师费、差旅费等）。

八、逾期还款的处理

乙方如逾期还款，除应承担甲方实现债权之费用（包括但不限于甲方支出之律师费、诉讼费、差旅费等）外，还应按如下方式赔偿甲方之损失：逾期还款期限在 30 日以内的部分，按逾期还款金额每日千分之贰（2‰）的比例赔偿甲方损失；超过 30 日以上部分，按照逾期还款金额每日千分之贰点伍（2.5‰）的比例赔偿甲方损失。

前款约定的损失赔偿比例，系各方综合各种因素确定。在主张该违约金时，甲方无须对其损失另行举证，同时双方均放弃《中华人民共和国合同法》第一百一十四条规定的违约金或损失赔偿金调整请求权。

九、合同争议的解决方式

对于本合同履行过程中发生的争议，由当事人双方友好协商解决，也可由第三人调解；协商或调解不成的，可由任意一方依法向出借方所在地人民法院起诉。

十、本合同自双方签章之日起生效。本合同一式 2 份，双方各持 1 份。每份均具有同等法律效力。

十一、本合同项下的一切形式的通知、催告均采用书面形式向本合同各方预留的地址发送，如有地址变更，应及时通知对方，书面通知以发送之日起三日届满视为送达。

甲方：中国工商银行上海市分行

乙方：上海振兴港口机械有限公司

连带保证人：________________

签订约日期：2018 年 12 月 21 日

39-2　银行进账单

中国工商银行进账单(收账通知)

2018 年 12 月 15 日

<table>
<tr><td rowspan="3">出票人</td><td>全　称</td><td>中国工商银行上海分行</td><td rowspan="3">收款人</td><td>全　称</td><td colspan="11">上海振兴港口机械有限公司</td></tr>
<tr><td>账　号</td><td>(略)</td><td>账　号</td><td colspan="11">1102 0245 6666 4567 999</td></tr>
<tr><td>开户银行</td><td>(略)</td><td>开户银行</td><td colspan="11">中国工商银行上海市分行江南支行</td></tr>
<tr><td rowspan="2">金额</td><td colspan="4" rowspan="2">人民币(大写)：伍佰万圆整</td><td>亿</td><td>千</td><td>百</td><td>十</td><td>万</td><td>千</td><td>百</td><td>十</td><td>元</td><td>角</td><td>分</td></tr>
<tr><td></td><td>¥</td><td>5</td><td>0</td><td>0</td><td>0</td><td>0</td><td>0</td><td>0</td><td>0</td><td>0</td></tr>
<tr><td>票据种类</td><td></td><td>票据张数</td><td>1</td><td colspan="12" rowspan="2"></td></tr>
<tr><td>票据号码</td><td colspan="3"></td></tr>
<tr><td colspan="4">复核(章)　　记账(章)</td><td colspan="12"></td></tr>
</table>

此联是收款人开户银行交给收款人的收账通知

40-1　增值税专用发票

上海增值税专用发票

发 票 联

开票日期：2018 年 12 月 21 日

<table>
<tr><td>购货单位</td><td colspan="5">名　　称：上海振兴港口机械有限公司
纳税人识别号：(略)
地 址 、电 话：(略)
开户行及账号：(略)</td><td>密码区</td><td colspan="2">(略)</td></tr>
<tr><td colspan="2">货物或应税劳务名称</td><td>规格型号</td><td>单位</td><td>数量</td><td>单价</td><td>金额</td><td>税率</td><td>税额</td></tr>
<tr><td colspan="2">线缆检测分析仪</td><td></td><td></td><td></td><td></td><td>271 206.89</td><td>16%</td><td>43 393.11</td></tr>
<tr><td colspan="2">合　计</td><td></td><td></td><td></td><td></td><td>¥271 206.89</td><td></td><td>¥43 393.11</td></tr>
<tr><td colspan="2">价税合计(大写)</td><td colspan="5">叁拾壹万肆仟陆佰圆整</td><td colspan="2">(小写)¥314 600</td></tr>
<tr><td>销货单位</td><td colspan="4">名　　称：上海为富贸易有限公司
纳税人识别号：(略)
地 址 、电 话：(略)
开户行及账号：(略)</td><td>备注</td><td colspan="3">(略)</td></tr>
</table>

第三联：发票联　购货方记账凭证

40-2　设备竣工验收单

设备安装竣工、移交验收单

<table>
<tr><td>项目名称</td><td>线缆检测分析仪器</td><td>规格型号</td><td></td></tr>
<tr><td>施工日期</td><td>2018 年 12 月 15 日</td><td>竣工、移交日期</td><td>2018 年 12 月 21 日</td></tr>
<tr><td>验收情况</td><td colspan="3">设备已竣工验收，款项未支付</td></tr>
<tr><td>验收意见</td><td colspan="3"></td></tr>
<tr><td colspan="4">验收部门及人员</td></tr>
<tr><td colspan="4">
<table><tr><td>施工方：

验收人员签字：</td><td>使用方：

验收人员签字：</td><td>监督方：

验收人员签字</td></tr></table>
</td></tr>
</table>

40-3　银行转账凭证

中国工商银行
转账支票存根
10205689
00342226
附加信息__________

出票日期 2018 年 12 月 21 日

收款人：上海为富贸易有限公司
金额：314 600.00
用途：购买线缆检测分析仪器

单位主管（章）会计（章）

41-1　银行转账凭证

中国工商银行
转账支票存根
10205689
00342227
附加信息__________
____
____
出票日期 2018 年 12 月 22 日

收款人：上海顺通贸易有限公司
金额：12 150.00
用途：检测费

单位主管(章)会计(章)

41-2　报销凭证

收　据

第二联　交款单位

2018 年 12 月 22 日

今收到　上海振兴港口机械有限公司
人民币(大写)　壹万贰仟壹佰伍拾圆整　　¥12 150.00
备注__________

单位盖章：(略)　　会计：　　出纳：(略)　　交款人：(略)

42-1　差旅报销单据

差旅费报销单

出差人	王雪莲	部门	车间安全保障部	职务		日期	2018/12/22
出差期间	2018/12/5 10:00:00 至 2018/12/9 12:00:00	出差事由	参加环境保护税培训差旅费	附单据	9 张		
借款核销金额	0.00	实付金额	341.00				

行程起止		城市间交通费			住宿费	其他		各项补助					小计
起点	终点	机票	火车票	其他		摘要	金额	补助内容	补助标准（人/次）	人数	天数	金额	
上海	南宁	0.00	0.00	341.00	0.00		0.00		0	0	0	0.00	341.00
小计		0.00	0.00	341.00	0.00		0.00					0.00	
金额（小写）		341.00 元				金额（大写）		叁佰肆拾壹元整					

费用项目	部门	项目工号	金额	备注
预算费用——不进项目差旅费	职环处		341.00	薛松海

名称	付款货币	付款金额	支付方式	开户银行	银行账号	备注
王雪莲	人民币	341.00	现金		×××××××××	

工作项名称	审批人姓名	审批时间	审 批 内 容
财务初审	邱昌明	2018/12/22 16：12：06	审批结论：通过；审批意见：通过
部门经理审批	邵向阳	2018/12/22 16：19：12	审批结论：通过；审批意见：通过
人事初审	张瑜	2018/12/22 16：22：31	审批意见：考勤已核；审批结论：通过
分管副总	李森	2018/12/25 15：41：20	审批结论：通过；审批意见：通过

42-2　培训通知

开班通知

各有关单位：

现定于 2018 年 12 月 6 日起开展环境保护税法培训。

培训时间：2018 年 12 月 6 日至 2018 年 12 月 8 日

培训地点：邕宁区龙亭路 8 号

请接到通知的学员于 12 月 6 日上午 8 点 30 分，携带好本人身份证准时出席，参加培训。培训时遵守课堂纪律，爱护课堂设施，保持课堂整洁。

特此通知！

上海福劝人才咨询有限公司

2018 年 11 月 25 日

43-1　转账支票存根

中国工商银行 转账支票存根 10205689 00342228 附加信息 质保金退回 出票日期 2018 年 12 月 22 日
收款人：上海舜发建筑安装工程公司
金额：11 090.00
用途：质保金退回
单位主管(章)会计(章)

44-1　银行进账单

中国工商银行进账单(收账通知)

2018 年 12 月 22 日

<table>
<tr><td rowspan="3">出票人</td><td>全　称</td><td>魏均</td><td rowspan="3">收款人</td><td>全　称</td><td colspan="11">上海振兴港口机械有限公司</td></tr>
<tr><td>账　号</td><td>(略)</td><td>账　号</td><td colspan="11">1102 0245 6666 4567 999</td></tr>
<tr><td>开户银行</td><td>(略)</td><td>开户银行</td><td colspan="11">中国工商银行上海市分行江南支行</td></tr>
<tr><td rowspan="2">金额</td><td colspan="4" rowspan="2">人民币(大写)：肆万圆整</td><td>亿</td><td>千</td><td>百</td><td>十</td><td>万</td><td>千</td><td>百</td><td>十</td><td>元</td><td>角</td><td>分</td></tr>
<tr><td></td><td></td><td></td><td>¥</td><td>4</td><td>0</td><td>0</td><td>0</td><td>0</td><td>0</td><td>0</td></tr>
<tr><td>票据种类</td><td></td><td>票据张数</td><td>1</td><td colspan="12" rowspan="2"></td></tr>
<tr><td>票据号码</td><td colspan="3"></td></tr>
<tr><td colspan="4">复核(章)　　　记账(章)</td><td colspan="12"></td></tr>
</table>

此联是收款人开户银行交给收款人的收账通知

45-1　转账支票存根

中国工商银行
转账支票存根
10205689
00342229
附加信息__________

出票日期 2018 年 12 月 22 日

收款人：中国工商银行
金额：1 050 000.00
用途：还款及利息

单位主管(章)会计(章)

46-1　增值税专用发票

上海增值税专用发票
发 票 联

开票日期：2018 年 12 月 22 日

购货单位	名　　称：上海振兴港口机械有限公司 纳税人识别号：(略) 地 址 、电 话：(略) 开户行及账号：(略)				密码区	(略)	
工程制作费	规格型号	单位	数量	单价	金额	税率	税额
A 岸桥项目					343 980.57	16%	55 036.89
B 龙门吊项目					269 985.31	16%	43 197.65
合　计					¥613 965.88		¥98 234.54
价税合计(大写)	柒拾壹万贰仟贰佰圆肆角贰分					(小写)¥712 200.42	
销货单位	名　　称：凤琪实业有限公司 纳税人识别号：(略) 地 址 、电 话：(略) 开户行及账号：(略)				备注	(略)	

收款人：　　复核：　　开票人：(略)　　销货单位(章)：

第三联：发票联　购货方记账凭证

47-1 转账支票存根

中国工商银行 转账支票存根 10205689 00342230 附加信息__________ __________ __________ 出票日期 2018 年 12 月 23 日
收款人：(略)
金额：6 000 000.00
用途：购买盾构技术
单位主管(章)会计(章)

47-2 盾构专利技术购买协议(略)

48-1 转账支票存根

中国工商银行 转账支票存根 10205689 00342231 附加信息__________ __________ __________ 出票日期 2018 年 12 月 24 日
收款人：上海博兴汽车修理公司
金额：25 200.00
用途：车辆年审
单位主管(章)会计(章)

48-2　增值税专用发票

上海增值税专用发票

发 票 联

开票日期：2018 年 12 月 24 日

<table>
<tr><td>购货单位</td><td colspan="5">名　　　称：上海振兴港口机械有限公司
纳税人识别号：(略)
地 址 、电 话：(略)
开户行及账号：(略)</td><td>密码区</td><td colspan="2">(略)</td></tr>
<tr><td colspan="2">车辆年审

合　计</td><td>规格型号</td><td>单位</td><td>数量</td><td>单价</td><td>金额
21 724.14

¥21 724.14</td><td>税率
16%</td><td>税额
3 475.86

¥3 475.86</td></tr>
<tr><td colspan="2">价税合计(大写)</td><td colspan="5">贰万伍仟贰佰圆整</td><td colspan="2">(小写) ¥25 200.00</td></tr>
<tr><td>销货单位</td><td colspan="4">名　　　称：上海博兴汽车修理公司
纳税人识别号：(略)
地 址 、电 话：(略)
开户行及账号：(略)</td><td>备注</td><td colspan="3">(略)</td></tr>
</table>

第三联：发票联　购货方记账凭证

收款人：　　　复核：　　　开票人：(略)　　　销货单位(章)：

49-1　转账支票存根

中国工商银行
转账支票存根
10205689
00342232
附加信息　捐款

出票日期 2018 年 12 月 25 日

收款人：中国红十字会
金额：30 000.00
用途：捐款

单位主管(章)会计(章)

50-1　银行进账单

中国工商银行进账单(收账通知)

2018 年 12 月 27 日

<table>
<tr><td rowspan="3">出票人</td><td>全　称</td><td>上海东兴船舶有限公司</td><td rowspan="3">收款人</td><td>全　称</td><td colspan="11">上海振兴港口机械有限公司</td></tr>
<tr><td>账　号</td><td>(略)</td><td>账　号</td><td colspan="11">(略)</td></tr>
<tr><td>开户银行</td><td>(略)</td><td>开户银行</td><td colspan="11">(略)</td></tr>
<tr><td rowspan="2">金额</td><td colspan="4" rowspan="2">人民币(大写)：壹仟圆整</td><td>亿</td><td>千</td><td>百</td><td>十</td><td>万</td><td>千</td><td>百</td><td>十</td><td>元</td><td>角</td><td>分</td></tr>
<tr><td></td><td></td><td></td><td></td><td>¥</td><td>1</td><td>0</td><td>0</td><td>0</td><td>0</td><td>0</td></tr>
<tr><td colspan="2">票据种类</td><td></td><td>票据张数</td><td>1</td><td colspan="11" rowspan="2"></td></tr>
<tr><td colspan="2">票据号码</td><td colspan="3"></td></tr>
<tr><td colspan="5">复核(章)　　　　记账(章)</td><td colspan="11"></td></tr>
</table>

此联是收款人开户银行交给收款人的收账通知

51-1　增值税专用发票

上海增值税专用发票

发票联

开票日期：2018 年 12 月 27 日

<table>
<tr><td>购货单位</td><td colspan="5">名　　称：上海振兴港口机械有限公司
纳税人识别号：(略)
地 址 、电 话：(略)
开户行及账号：(略)</td><td>密码区</td><td colspan="2">(略)</td></tr>
<tr><td colspan="2">货物或应税劳务名称</td><td>规格型号</td><td>单位</td><td>数量</td><td>单价</td><td>金额</td><td>税率</td><td>税额</td></tr>
<tr><td colspan="2">办公用品</td><td></td><td></td><td></td><td></td><td>963.79</td><td>16%</td><td>154.21</td></tr>
<tr><td colspan="2">合　计</td><td></td><td></td><td></td><td></td><td>¥963.79</td><td></td><td>¥154.21</td></tr>
<tr><td colspan="2">价税合计(大写)</td><td colspan="5">壹仟壹佰壹拾捌圆整</td><td colspan="2">(小写)¥1 118.00</td></tr>
<tr><td>销货单位</td><td colspan="5">名　　称：家乐福有限公司
纳税人识别号：(略)
地 址 、电 话：(略)
开户行及账号：(略)</td><td>备注</td><td colspan="2">(略)</td></tr>
</table>

收款人：　　复核：　　开票人：(略)　　销货单位(章)：

第三联：发票联　购货方记账凭证

上海增值税专用发票

发 票 联

开票日期：2018 年 12 月 27 日

<table>
<tr><td rowspan="4">购货单位</td><td colspan="5">名　　　称：上海振兴港口机械有限公司</td><td rowspan="4">密码区</td><td colspan="2" rowspan="4">（略）</td></tr>
<tr><td colspan="5">纳税人识别号：（略）</td></tr>
<tr><td colspan="5">地 址 、电 话：（略）</td></tr>
<tr><td colspan="5">开户行及账号：（略）</td></tr>
<tr><td colspan="2">货物或应税劳务名称</td><td>规格型号</td><td>单位</td><td>数量</td><td>单价</td><td>金额</td><td>税率</td><td>税额</td></tr>
<tr><td colspan="2">餐饮费</td><td></td><td></td><td></td><td></td><td>1 896.55</td><td>16%</td><td>303.45</td></tr>
<tr><td colspan="2">合　计</td><td></td><td></td><td></td><td></td><td>¥1 896.55</td><td></td><td>¥303.45</td></tr>
<tr><td colspan="2">价税合计(大写)</td><td colspan="5">贰仟贰佰圆整</td><td colspan="2">（小写）¥2 200.00</td></tr>
<tr><td rowspan="4">销货单位</td><td colspan="4">名　　　称：江南饭店有限公司</td><td rowspan="4">备注</td><td colspan="3" rowspan="4">（略）</td></tr>
<tr><td colspan="4">纳税人识别号：（略）</td></tr>
<tr><td colspan="4">地 址 、电 话：（略）</td></tr>
<tr><td colspan="4">开户行及账号：（略）</td></tr>
</table>

第三联：发票联　购货方记账凭证

52-1　银行付款回单

招商银行付款回单

日期：2018 年 12 月 28 日　　业务类型：直接支付　　流水号：（略）

付款账号：622512345678111

户名：上海振兴港口机械有限公司

开户行：招商银行上海市分行东方支行

金额(大写)：伍万陆千柒百玖拾捌圆玖角贰分

　(小写)：CNY56 798.92

收款人户名：（略）

收款人账号：（略）

收款人开户行：（略）

凭证种类：　　凭证号码：　　业务编号：（略）

简要：工会经费

经办：G34567　　第一次打印　　2018-12-28

53-1　银行进账单

中国工商银行进账单(收账通知)

2018 年 12 月 25 日

<table>
<tr><td rowspan="3">出票人</td><td>全　称</td><td colspan="3">上海瑞生商贸公司</td><td rowspan="3">收款人</td><td>全　称</td><td colspan="11">上海振兴港口机械有限公司</td></tr>
<tr><td>账　号</td><td colspan="3">(略)</td><td>账　号</td><td colspan="11">(略)</td></tr>
<tr><td>开户银行</td><td colspan="3">(略)</td><td>开户银行</td><td colspan="11">(略)</td></tr>
<tr><td rowspan="2">金额</td><td colspan="6" rowspan="2">人民币(大写)：贰拾万圆整</td><td>亿</td><td>千</td><td>百</td><td>十</td><td>万</td><td>千</td><td>百</td><td>十</td><td>元</td><td>角</td><td>分</td></tr>
<tr><td></td><td></td><td>¥</td><td>2</td><td>0</td><td>0</td><td>0</td><td>0</td><td>0</td><td>0</td><td>0</td></tr>
<tr><td colspan="2">票据种类</td><td></td><td>票据张数</td><td>1</td><td colspan="13" rowspan="2"></td></tr>
<tr><td colspan="2">票据号码</td><td colspan="3"></td></tr>
<tr><td colspan="5">复核(章)　　　　记账(章)</td><td colspan="13"></td></tr>
</table>

此联是收款人开户银行交给收款人的收账通知

54-1　发料凭证汇总表

发料凭证汇总表

2018 年 12 月 31 日　　单位：元

一级科目	明细科目	实际成本
合同履约成本	A 岸桥项目	235 126.52
	B 龙门吊项目	265 658.57
基本生产成本		532 685.65
制造费用		23 564.56
管理费用		5 638.95
合计		1 062 674.25

55-1　专利权摊销表

专利权摊销表

2018 年 12 月 31 日　　单位：元

专利权原值	摊销年限	本月摊销金额
3 000 000.00	5 年	50 000.00

56-1　12 月份职工薪酬结算表

12 月份职工薪酬结算表

2018 年 12 月 31 日　　单位：元

部门	明细	应付职工薪酬	缴费基数	代扣款						实发金额
				养老保险	医疗保险	失业保险	住房公积金	个人所得税	合计	
制造车间	管理人员	115 200.00	100 600.00	8 048.00	2 012.00	1 006.00	7 042.00	2 650.00	20 758.00	94 442.00
	生产工人	925 260.00	812 300.00	64 984.00	16 246.00	8 123.00	56 861.00	1 280.00	147 494.00	777 766.00
	小计	1 040 460.00	912 900.00	73 032.00	18 258.00	9 129.00	63 903.00	3 930.00	168 252.00	872 208.00
管理部门		102 820.00	88 500.00	7 080.00	1 770.00	885.00	6 195.00	3 680.00	19 610.00	83 210.00
销售部门		68 320.00	57 300.00	4 584.00	1 146.00	573.00	4 011.00	1 850.00	12 164.00	56 156.00
合计		1 211 600.00	1 058 700.00	84 696.00	21 174.00	10 587.00	74 109.00	9 460.00	200 026.00	1 011 574.00

56-2　12 月份企业负担社会保险费和住房公积金计算表

12 月份企业负担社会保险费和住房公积金计算表

2018 年 12 月 31 日　　单位：元

部门	明细	应付职工薪酬	缴费基数	养老保险	医疗保险	失业保险	工伤保险	生育保险	住房公积金	合计
				20%	10%	2%	1%	1%	7%	
制造车间	管理人员	115 200.00	100 600.00	20 120.00	10 060.00	2 012.00	1 006.00	1 006.00	7 042.00	41 246.00
	生产工人	925 260.00	812 300.00	162 460.00	81 230.00	16 246.00	8 123.00	8 123.00	56 861.00	333 043.00
	小计	1 040 460.00	912 900.00	182 580.00	91 290.00	18 258.00	9 129.00	9 129.00	63 903.00	374 289.00
管理部门		102 820.00	88 500.00	17 700.00	8 850.00	1 770.00	885.00	885.00	6 195.00	36 285.00
销售部门		68 320.00	57 300.00	11 460.00	5 730.00	1 146.00	573.00	573.00	4 011.00	23 493.00
合计		1 211 600.00	1 058 700.00	211 740.00	105 870.00	21 174.00	10 587.00	10 587.00	74 109.00	434 067.00

56-3 12 月份工会经费计算表

12 月份工会经费计算表

2018 年 12 月 31 日 单位：元

部门	明细	应付职工薪酬	工会经费
			2%
制造车间	管理人员	115 200.00	2 304.00
	生产工人	925 260.00	18 505.20
	小计	1 040 460.00	20 809.20
管理部门		102 820.00	2 056.40
销售部门		68 320.00	1 366.40
合计		1 211 600.00	24 232.00

56-4 12 月份职工薪酬费用汇总表

12 月份职工薪酬费用汇总表

2018 年 12 月 31 日 单位：元

部门	明细	应付职工薪酬	企业负担社会保险费和住房公积金	提取的工会经费	合计
制造车间	管理人员	115 200.00	41 246.00	2 304.00	158 750.00
	生产工人	925 260.00	333 043.00	18 505.20	1 276 808.20
	小计	1 040 460.00	374 289.00	20 809.20	1 435 558.20
管理部门		102 820.00	36 285.00	2 056.40	141 161.40
销售部门		68 320.00	23 493.00	1 366.40	93 179.40
合计		1 211 600.00	434 067.00	24 232.00	1 669 899.00

56-5 职工薪酬费用分配表

职工薪酬费用分配表

2018 年 12 月 31 日 单位：元

分配对象	成本或费用项目	工时	分配率	分配金额
合同履约成本——A 岸桥项目	直接人工	20 000	12.7681	255 361.64
合同履约成本——B 龙门吊项目	直接人工	30 000	12.7681	383 042.46
基本生产成本	直接人工	50 000	12.7681	638 404.10
合计		100 000		1 276 808.20
制造费用				158 750.00
管理费用				141 161.40
销售费用				93 179.40
总计				1 669 899.00

57-1　12 月份应付社会保险费、住房公积金、工会经费和个人所得税汇总表

12 月份应付社会保险费、住房公积金、工会经费和个人所得税汇总表

2018 年 12 月 31 日　　单位：元

	职工负担	企业负担	合计
社会保险费	116 457.00	359 958.00	476 415.00
住房公积金	74 109.00	74 109.00	148 218.00
工会经费		24 232.00	24 232.00
个人所得税	9 460.00		9 460.00
合计	200 026.00	458 299.00	658 325.00

58-1　折旧费用计算表

2018 年 12 月 31 日　　单位：元

使用部门	固定资产项目	上月折旧额	上月增加固定资产		上月减少固定资产		本月折旧额	费用分配
			原值	月折旧额	原值	月折旧额		
基本生产车间	房屋建筑	251 500					251 500	制造费用
	机器设备	156 400	5 806 250	46 450			202 850	
	码头	200 500					200 500	
	小计	608 400					654 850	
行政管理部门	房屋建筑	167 500					167 500	管理费用
	运输设备	120 550			159 375	2 550	118 000	
	办公设备	41 150					41 150	
	小计	329 200					326 650	
销售部门	房屋建筑	44 200					44 200	销售费用
	办公设备	21 460	16 250	260			21 720	
	小计	65 660					65 920	
合计							1 047 420	

59-1　增值税专用发票

上海增值税专用发票

发 票 联

开票日期：2018 年 12 月 31 日

<table>
<tr><td>购货单位</td><td colspan="5">名　　称：上海振兴港口机械有限公司
纳税人识别号：(略)
地 址 、电 话：(略)
开户行及账号：(略)</td><td>密码区</td><td colspan="2">(略)</td></tr>
<tr><td colspan="2">货物或应税劳务名称</td><td>规格型号</td><td>单位</td><td>数量</td><td>单价</td><td>金额</td><td>税率</td><td>税额</td></tr>
<tr><td colspan="2">电费</td><td></td><td></td><td></td><td></td><td>348 126.00</td><td>16%</td><td>55 700.16</td></tr>
<tr><td colspan="2">合　计</td><td></td><td></td><td></td><td></td><td>¥348 126.00</td><td></td><td>¥55 700.16</td></tr>
<tr><td colspan="2">价税合计(大写)</td><td colspan="5">肆拾万叁仟捌佰贰拾陆圆壹角陆分</td><td colspan="2">(小写)¥403 826.16</td></tr>
<tr><td>销货单位</td><td colspan="5">名　　称：上海电力公司
纳税人识别号：(略)
地 址 、电 话：(略)
开户行及账号：(略)</td><td>备注</td><td colspan="2">(略)</td></tr>
</table>

第三联：发票联　购货方记账凭证

59-2　电费分配表(按用电度数分配，自行编制)

电费分配表

2018 年 12 月 31 日　　　　单位：元

分配对象	用电度数	分配率	分配金额
车间	520 182.00		
管理部门	60 028.00		
合计	580 210.00		

60-1　制造费用分配表(分配标准：生产工人薪酬)(自行编制)

制造费用分配表

2018 年 12 月 31 日　　　　单位：元

分配对象	成本或费用项目	生产工人薪酬	分配率	分配金额
合同履约成本——A 岸桥项目	直接人工			
合同履约成本——B 龙门吊项目	直接人工			
基本生产成本	直接人工			
合计				

61-1　完工产品成本计算表

2018 年 12 月 31 日　　单位：元

项　目	直接材料	直接人工	制造费用	合　计
期初在产品成本	245 986.22	338 965.85	671 507.14	1 256 459.21
本期生产费用	532 685.65	638 404.10	1 111 990.02	2 283 079.77
合计	778 671.87	977 369.95	1 783 497.16	3 539 538.98
完工产品成本	412 568.21	512 598.87	920 462.92	1 845 630.00
期末在产品成本	366 103.66	464 771.08	863 034.24	1 693 908.98

62-1　A 岸桥项目收入成本计算表(自行完成 2018 年度，A 岸桥项目完工百分比按已发生成本占工程总成本的比例确定)

A 岸桥项目收入成本计算表

2018 年 12 月 31 日　　单位：元

项　目	2016 年	2017 年	2018 年	合计
当期发生成本	1 259 475.32	1 866 452.36	1 549 458.58	
目前为止累计发生成本	1 259 475.32	3 125 927.68	4 675 386.26	
完成合同尚需发生成本	5 300 600.00	3 506 620.00	2 081 033.74	
预计工程总成本	6 560 075.32	6 632 547.68	6 756 420.00	
完工百分比	19.20%	47.13%		
截至当期应确认收入	1 659 426.08	4 073 574.10		
当期应确认收入	1 659 426.08	2 414 148.02		
增值税销项税	265 508.17	386 263.68		
价税合计	1 924 934.25	2 800 411.70		
当期确认成本	1 259 475.32	1 866 452.36		
当年结算工程款	1 800 000.00	2 500 000.00	2 500 000.00	6 800 000.00
当期收到工程款	1 500 000.00	2 100 000.00	2 800 000.00	6 400 000.00

63-1　B 龙门吊项目收入成本计算表(自行完成 2018 年度，B 龙吊项目完工百分比按已完成的工作量确定)

B 龙门吊项目收入成本计算表

2018 年 12 月 31 日　　单位：元

项　目	2017 年	2018 年	合　计
当期发生成本	2 165 025.32	1 711 069.84	
目前为止累计发生成本	2 165 025.32	3 876 095.16	
完工百分比(按完成工程量)	21.00%	36%	
截至当期应确认收入	2 625 674.10		
当期应确认收入	2 625 674.10		
增值税销项税	420 107.86		
价税合计	3 045 781.96		
当期确认成本	2 075 983.35		
当年结算工程款	2 850 000.00	1 950 000.00	4 800 000.00
当期收到工程款	2 100 000.00	2 350 000.00	4 450 000.00

64-1　工程项目结算表

工程项目结算表

项目名称：A 岸桥项目　　2018 年 12 月 31 日　　单位：元

项　　目	合　　计
合同总金额	8 643 250.00
已结算金额	4 300 000.00
当期结算金额	2 500 000.00
累计结算金额	6 800 000.00

65-1　工程项目结算表

工程项目结算表

项目名称：B 龙门吊项目　　2018 年 12 月 31 日　　单位：元

项　　目	合　　计
合同总金额	12 503 210.00
已结算金额	2 850 000.00
当期结算金额	1 950 000.00
累计结算金额	4 800 000.00

66-1　坏账准备计提金额计算表(自行编制，对应收账款和其他应收款计提坏账准备，计提比例为 3%)

坏账准备计提金额计算表

2018 年 12 月 31 日　　单位：元

账户名称	年末余额	坏账准备年末余额	计提之前坏账准备余额	本年应计提数
应收账款				
其他应收款				
合计				

67-1　城建税及教育费附加计算表(自行编制)

城建税及教育费附加计算表

2018 年 12 月 31 日　　单位：元

本期应交增值税	
应交城建税(7%)	
应交教育费附加(3%)	
应交城建税及教育费附加合计	

68-1　公允价值变动表(自行编制)

公允价值变动表

2018 年 12 月 31 日　　　　单位：元

成本	公允价值金额	公允价值变动
	1 306 562	

69-1　转账支票存根

中国工商银行
转账支票存根
10205689
00342233
附加信息________
____
____
出票日期 2018 年 12 月 31 日

收款人：(略)
金额：2 057 340.00
用途：研发支出

单位主管(章)会计(章)

70-1　债权投资利息调整摊销表(自行编制)

债权投资利息调整摊销表

2018 年 12 月 31 日　　　　单位：元

付息日期	票面利息	实际利息	利息调整摊销	摊余成本
2018-12-1				
2019-5-31				
2019-11-30				
2020-5-31				
2020-11-30				
2021-5-31				
2021-11-30				
合计				

70-2　本月利息调整摊销金额计算表(自行编制)

本月利息调整摊销金额计算表

2018 年 12 月 31 日　　单位：元

项　目	票面利息	实际利息	利息调整摊销
半年金额			
本月金额			

注：2018 年 12 月 31 日的各项金额等于 2019 年 5 月 31 日的各项金额×1/6。

71-1　库存商品减值计算表

库存商品减值计算表

2018 年 12 月 31 日　　单位：元

账面价值	可变现净值	减值金额
276 503.28	256 321.42	20 181.86

72-1　长期股权投资损益调整计算表(自制)

长期股权投资利润份额计算表

2018 年 12 月 31 日　　单位：元

华普公司净利润	投资比例	长期股权投资损益调整金额

73-1　固定资产减值计算表

固定资产减值计算表

2018 年 12 月 31 日　　单位：元

账面价值	可收回金额	减值金额
4 552 310.84	4 453 737.84	98 573.00

74-1　所得税纳税申报表(自行编制)

中华人民共和国企业所得税月度纳税申报表(A 类)

税款所属期间：2018 年 12 月 1 日至 12 月 31 日

纳税人名称：上海振兴港口机械有限公司

纳税人识别号：(略)　　金额单位：元(列至角分)

类别	行次	项目	
利润总额计算	1	一、营业收入	
	2	减：营业成本	
	3	税金及附加	
	4	销售费用	
	5	管理费用	
	6	研发费用	
	7	财务费用	
	8	信用减值损失	
	9	资产减值损失	

续表

类别	行次	项目	
利润总额计算	10	加：公允价值变动损益	
	11	投资收益	
	12	二、营业利润	
	13	加：营业外收入	
	14	减：营业外支出	
	15	三、利润总额	
应纳税所得额计算	16	加：纳税调整增加额	
	17	减：纳税调整减少额	
	18	其中：不征税收入	
	19	免税收入	
	20	减计收入	
	21	减、免税项目所得	
	22	加计扣除	
	23	抵扣应纳税所得额	
	24	加：境外应税所得弥补境内亏损	
	25	四、纳税调整后所得	
	26	减：以前年度亏损	
	27	五、应纳税所得额	
所得税额计算	28	税率(25%)	
	29	六、应纳所得税额	
	30	减：减免所得税额	
	31	减：抵免所得税额	
	32	七、应纳税额	
	33	加：境外所得应纳所得税额	
	34	减：境外所得抵免所得税额	
	35	八、实际应纳所得税额	
	36	减：本年累计实际已预缴所得税额	
	37	其中：汇总纳税的总机构分摊预缴的税额	
	38	汇总纳税的总机构财政调库预缴的税额	
	39	汇总纳税的总机构所属分支机构分摊的预缴税额	
	40	合并纳税(母子体制)成员企业就地预缴比例	
	41	合并纳税企业就地预缴的所得税额	
	42	九、本年应补(退)的所得税额	
附列资料	43	十、以前年度多缴的所得税额在本年抵减额	
	44	十一、上年度应缴未缴在本年入库所得税额	

谨声明：此纳税申报表是根据《中华人民共和国企业所得税法》《中华人民共和国企业所得税法实施条例》和国家有关税收规定填报的，是真实的、可靠的、完整的。

法定代表人(签字)：　　　　年　月　日

纳税人公章：(略) 会计主管：(略) 填表日期：　　年　月　日	代理申报中介机构公章： 经办人： 经办人执业证件号码： 代理申报日期：　　年　月　日	主管税务机关受理专用章：(略) 受理人：(略) 受理日期：　　年　月　日

75-1　损益类账户本期发生额表(自行编制)

损益类账户本期发生额表

2018 年 12 月 31 日　　　　单位：元

账户名称	借方金额	贷方金额
主营业务收入		
其他业务收入		
公允价值变动损益		
投资收益		
营业外收入		
主营业务成本		
其他业务成本		
税金及附加		
销售费用		
管理费用		
研发费用		
财务费用		
信用减值损失		
资产减值损失		
营业外支出		
所得税费用		
合计		

76-1　本年利润账户本年金额计算表(自行编制)

本年利润账户本年金额计算表

2018 年 12 月 31 日　　　　单位：元

项　　目	金　　额
1—11 月实现净利润	5 072 324.88
12 月实现净利润	
全年净利润	

77-1　盈余公积计提金额计算表(自行编制)

盈余公积计提金额计算表

2018 年 12 月 31 日　　　　单位：元

项　　目	计提比例	金额
全年净利润		
计提法定盈余公积		
计提任意盈余公积		
计提盈余公积合计		
本年计提盈余公积后未分配利润		

17.4　实训活动

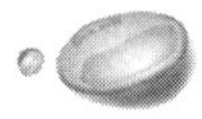

活动要求

- 建立账簿并登记期初余额。
- 填制和审核原始凭证。
- 编制记账凭证。
- 登记现金日记账、银行存款日记账、总账和有关明细账。
- 编制科目汇总表。
- 对账和结账。
- 编制总账账户余额表。
- 编制资产负债表、利润表和现金流量表。
- 装订归档会计档案。

活动内容

【训练 1】　练习建立账簿并登记期初余额

根据实训目标企业上海振兴港口机械有限公司 2018 年 11 月 30 日的账户余额资料建立账簿并登记期初余额。

要求开设如下账户。

(1) 总账：所有总账。

下列损益类账户无期初余额，都要开设总账：主营业务收入、主营业务成本、税金及附加、销售费用、管理费用、研发费用、财务费用、信用减值损失、资产减值损失、公允价值变动损益、投资收益、营业外收入、营业外支出、所得税费用。

(2) 日记账：现金日记账、银行存款日记账。

(3) 部分明细账：交易性金融资产、应收账款、长期股权投资、合同履约成本、合同结算、应交税费、应付票据、应付账款、其他应付款、应付职工薪酬。

【训练 2】　练习填制和审核原始凭证

根据 2018 年 12 月份的有关经济业务填制自制原始凭证(大部分需要根据账簿记录填制)，包括如下原始凭证：

10-1　11 月份社会保险费和住房公积金结算表

10-2　转账支票存根

19-1　现金盘点报告表

59-2 电费分配表

60-1 制造费用分配表

62-1 A岸桥项目收入成本计算表

63-1 B龙门吊项目收入成本计算表

66-1 坏账准备计提金额计算表

67-1 城建税及教育费附加计算表

68-1 公允价值变动表

70-1 债权投资利息调整摊销表

70-2 本月利息调整摊销金额计算表

72-1 长期股权投资损益调整计算表

74-1 所得税纳税申报表

75-1 损益类账户本期发生额表

76-1 本年利润账户本年金额计算表

77-1 盈余公积计提金额计算表

【训练 3】 练习编制记账凭证

根据上海振兴港口机械有限公司 2018 年 12 月份发生经济业务的原始凭证编制记账凭证,要求按收款凭证、付款凭证、转账凭证分类编制。

【训练 4】 练习登记现金日记账、银行存款日记账、总账和有关明细账

根据训练 3 编制的记账凭证登记现金日记账、银行存款日记账、总账和有关明细账。

【训练 5】 练习编制科目汇总表

根据记账凭证编制 12 月份的科目汇总表。

【训练 6】 练习对账和结账

进行账簿记录的核对,结出各账户的本期发生额和期末余额。

【训练 7】 练习编制总账账户余额表

根据账户余额编制 12 月 31 日的总账账户余额表。

【训练 8】 练习编制资产负债表、利润表和现金流量表

根据账簿记录编制 12 月 31 日的资产负债表、12 月份的利润表和现金流量表。

【训练 9】 装订归档会计档案

将本月编制的会计凭证归类装订。

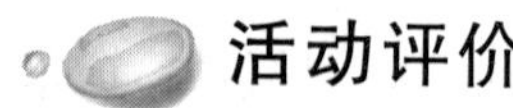

活动评价

【训练 1】 练习建立账簿并登记期初余额

账簿设置完整,期初余额登记符合要求。

【训练 2】　练习填制和审核原始凭证

填制的自制原始凭证完整、正确，符合原始凭证编制要求。

【训练 3】　练习编制记账凭证

编制的记账凭证完整、正确，符合记账凭证编制要求。

【训练 4】　练习登记现金日记账、银行存款日记账、总账和有关明细账

有关账户的登记符合账簿的登记要求。

【训练 5】　练习编制科目汇总表

科目汇总表借贷方发生额合计数均为 85 281 648.18 元。

【训练 6】　练习对账和结账

进行日记账与总账、有关明细账与总账之间的核对。

【训练 7】　练习编制总账账户余额表

总账账户 12 月 31 日借贷方余额合计数均为 52 827 589.49 元。

【训练 8】　练习编制资产负债表、利润表和现金流量表

(1) 资产负债表：12 月 31 日的资产、权益总额均为 44 755 128.83 元。

(2) 利润表：12 月份的净利润为 912 019.48 元。

(3) 现金流量表：12 月份经营活动产生的现金流量净额为 4 747 661.37 元，投资活动产生的现金流量净额为－9 521 055.89 元，筹资活动产生的现金流量净额为 3 950 000 元，本期现金及现金等价物净增加额为－823 394.52 元。

【训练 9】　装订归档会计档案

装订的会计凭证符合装订归档要求。

参考文献

[1] 周峰.中级财务会计[M].2版.北京：中国金融出版社，2019.

[2] 吕学典，张俊民.中级财务会计实训[M].3版.北京：高等教育出版社，2019.

[3] 杨蕊.基础会计实训[M].3版.北京：高等教育出版社，2019.

[4] 李新.基础会计模拟实训[M].上海：立信会计出版社，2019.

[5] 欧阳歆，胡迪.基础会计学综合模拟实训[M].北京：高等教育出版社，2019.

[6] 张维宾.中级财务会计学[M].6版.上海：立信会计出版社，2018.

[7] 刘永泽，陈立军.中级财务会计[M].大连：东北财经大学出版社，2018.

[8] 王萌，叶显楚，王夏.新编中级财务会计实训教程[M].武汉：华中科技大学出版社，2018.

[9] 会计仿真实训平台项目组.基础会计实训[M].北京：清华大学出版社，2018.

[10] 瞿晓龙.中级财务会计实训教程[M].北京：人民邮电出版社，2017.

[11] 李焱.中级财务会计技能实训[M].成都：西南财经大学出版社，2017.

[12] 刘国峰.《中级会计实务》：长期股权投资权益法核算[N].中国会计报，2018-06-01(16).

[13] 彭新媛.基于新会计准则的《中级会计实务》课程教学改革探索[J].当代会计，2017(3)：68-69.

[14] 陈立军.中级财务会计[M].3版.北京：中国人民大学出版社，2017.

[15] 陈英蓉."互联网＋"时代高校应用型会计本科中级会计电算化实务课程构建[J].商业会计，2017(14)：126-127.

[16] 陈淑贤，王蕾，章毓育，马海芳.会计综合模拟实训教程[M].北京：清华大学出版社，2017.

[17] 张宗强，段贵珠，杨世鉴.中级财务会计实训(财经类互联网＋高等教育精品课程十三五规划教材)[M].西安：西安交通大学出版社，2017.

[18] 张颖萍.基础会计实训教程[M].上海：上海财经大学出版社，2017.

[19] 李占国.基础会计学综合模拟实训[M].北京：高等教育出版社，2017.

[20] 关玉荣.财务会计实训教程[M].上海：上海财经大学出版社，2013.

教学支持说明

▶▶ 教辅申请

尊敬的老师：

您好！感谢您选用清华大学出版社的教材！为更好地服务教学，我们为采用本书作为教材的师生提供教学辅助资源，其中部分资源仅提供给授课教师使用。请扫描下方二维码获取相关教学辅助资源。

扫描二维码
获取教学课件

扫描二维码
获取模拟练习参考答案

▶▶ 样书申请

为方便教师选用教材，我们为您提供免费赠送样书服务。授课教师扫描下方二维码即可获取清华大学出版社教材电子书目。在线填写个人信息，经审核认证后即可获取所选教材。我们会第一时间为您寄送样书。

任课教师扫描二维码
可获取教材电子书目

清华大学出版社

E-mail: tupfuwu@163.com　　网址：http://www.tup.com.cn/

电话：8610-83470332 / 83470142　　传真：8610-83470107

地址：北京市海淀区双清路学研大厦B座509室　　邮编：100084

质检5